JN066033

Cookie
ポリシー
作成のポイント

TMI総合法律事務所
弁護士
白石和泰／村上諭志／鈴木翔平／溝端俊介
【編著】

TMI総合法律事務所
野呂悠登／岡辺公志／礒井里衣／柿山佑人／林　知宏
石田晃大／榊原颯子／林　里奈／小関雄也／齊藤駿介

株式会社メルカリ
中井　博

Option合同会社
柳井隆道

Alston & Bird LLP
Maki DePalo／Hyun Jai Oh
【著】

中央経済社

はしがき

　2022年に出版された『プライバシーポリシー作成のポイント』は，ありがたいことに，多くの方からご好評をいただくことができました。本書は，同書の姉妹本として執筆されたものです。

　Cookieは，ログイン機能からターゲティング広告まで幅広い用途で利用されており，ウェブサイトの運営に欠かせない技術です。その一方で，Cookieを利用して，ウェブサイトの垣根を越えてユーザーのオンライン上の行動を追跡（トラッキング）することについては，プライバシー上の懸念が示されてきました。モバイルアプリに組み込まれた情報収集モジュールや広告識別子など，Cookie類似のトラッキング技術についても同様です。

　海外のデータ保護法では，Cookieを利用して収集される閲覧履歴などの情報は，個人情報として保護されることが一般的です。また，欧州のeプライバシー指令など，Cookieの利用自体を規制する法令もあるほか，米国では，Cookieに関連して多くのプライバシー関連訴訟が提起されています。日本でも，Cookieで収集した情報は，個人情報または個人関連情報として個人情報保護法の規律に服します。さらに，2022年の電気通信事業法の改正により，Cookieなどを用いてユーザーの使用端末から外部へ情報を送信させることについて，外部送信規律と呼ばれる新たな規制が導入されました。

　いずれの規制との関係でも，Cookieポリシーなどの文書で，ユーザーに対する適切な説明を行うことは，最も基本的かつ重要な取組みです。また，Cookieに関する適切な説明を考えるためには，その前提知識となるCookieの技術的な仕組みや，実際の利用のあり方を正しく理解しておくことが必要です。しかし，これらの点について，非・技術者を対象にわかりやすく解説した書籍は決して多くないように思われます。そこで，本書では，Cookieの技術面や実際の利活用事例に詳しい株式会社メルカリの中井博様（第1章担当）およびOption合

同会社の柳井隆道様（第2章担当）に執筆に加わっていただき，非・技術者の方を想定して，基本的な事項から丁寧に解説を行っています。本書が，少しでも，実際にCookieを利用して様々な施策を行っている事業部門と，法務部をはじめとした管理部門の橋渡しの役割を担うことができれば本望です。

　また，日本企業が海外向けオンラインサービスを運営する事例など，海外のCookie関連規制への対応が必要な事案が増えているように感じます。このような状況を踏まえ，本書では，ＥＵ・英国および米国におけるCookie関連規制をご紹介しています。特に米国に関しては，Alston & Bird LLPに所属する米国弁護士の先生方を執筆者としてお迎えしましたが，Cookie関連の実務経験が豊富な米国弁護士による解説は，最新の訴訟の状況まで踏まえた示唆に富む内容となっており，とても貴重なものであると思います。

　本書が，非・技術者の方がCookieやその類似技術の仕組みなどを学ぶための導入本として，あるいは，Cookie関連の規制を一覧できる法律書籍として，さらには，Cookieポリシーを作成する際に参照する実務本として，読者の皆さまの用途に応じて様々な形でお役に立つことを願っております。

　最後に，本書の執筆にあたっては，株式会社中央経済社の石井直人氏に企画，校正など様々な面で多大なご尽力をいただきましたこと，この場を借りてお礼申し上げます。

2024年4月吉日

　　　　　編著者を代表して　TMI総合法律事務所パートナー弁護士　**鈴木翔平**

目　次

第1章　Cookieの基本知識 1

第2章　技術的側面から見るトラッキングの現在地

第 **3** 章　日本におけるCookie関連規制とCookieポリシーの策定　59

第4章　EU・英国および米国におけるCookie関連規制 117

凡　例

正式名称	略称
(1)　法　律	
個人情報の保護に関する法律	個人情報保護法
電気通信事業法	電気通信事業法
(2)　政令・省令・告示	
電気通信事業法施行規則	電気通信事業法施行規則
(3)　外国法令等	
欧州連合（EU）「個人データ処理に係る個人の保護および当該データの自由な移動に関する欧州議会および理事会の指令」	データ保護指令
欧州連合（EU）「個人データ処理に係る個人の保護および当該データの自由な移動に関する欧州議会および理事会の規則」	GDPR
カリフォルニア州「カリフォルニア州消費者プライバシー法」	CCPA
(4)　ガイドライン等	
個人情報保護委員会「個人情報の保護に関する法律についてのガイドライン（通則編）」	通則ガイドライン
個人情報保護委員会「『個人情報の保護に関する法律についてのガイドライン』に関するQ&A」	ガイドラインQ&A
総務省「外部送信規律FAQ」	外部送信規律FAQ
個人情報保護委員会・総務省「電気通信事業における個人情報等の保護に関するガイドラインの解説」令和4年3月（令和6年3月更新）	電通分野ガイドライン解説
総務省「「電気通信事業における個人情報保護に関するガイドラインの解説の改正案」に対する意見募集において提出された御意見及び考え方」（2023年5月）	電通法パブコメ回答（令和5年）

総務省「電気通信事業参入マニュアル［追補版］」(2023年1月30日改定)	参入マニュアル
総務省「電気通信事業参入マニュアル（追補版）ガイドブック」(2023年1月30日改定)	参入マニュアルガイドブック
利用者視点を踏まえたICT サービスに係る諸問題に関する研究会「スマートフォン プライバシー イニシアティブ」	SPI
総務省　スマートフォンアプリケーションプライバシーポリシー普及・検証推進タスクフォース「スマートフォン プライバシー イニシアティブⅢ」	SPIⅢ
一般社団法人 日本インタラクティブ広告協会「行動ターゲティング広告ガイドライン」	行動ターゲティング広告ガイドライン

第 1 章

Cookieの基本知識

本書で取り扱うこととなるCookieについては，インターネットやそれに伴う様々なサービスが一般に広まるにつれ，多くの人にその名称がよく知られるようになってきました。

　しかし，Cookieを理解するために必要な技術的な仕様や企業による具体的な利用例については，技術者に向けられた解説書などで記載されることが多く，Cookieがどのようなもので，どのような意味を持ち，どのように動作するのかについて，非・技術者にとってわかりやすくまとまった書籍などが多くあるとはいいがたい状況です。

　そこで本章では，Cookie関連の規制を理解し，Cookieポリシーを作成するための前提知識として必要となるCookieに関する基本的な事項を，非・技術者にもわかりやすく解説します。

第1　Cookieの仕組み

　Cookieは様々なウェブサイトで利用されています。詳細は後述しますが，例えばあるウェブサイトにログインをした際に，そのログインした状態を保つためにCookieが使われたり，ウェブサイトの設定を記憶しておくためにCookieが使われたり，いわゆるターゲティング広告に利用するためにCookieが使われたりすることがあります。

　本節では，Cookieの基本的な仕組みについて概説します。

1　Cookieとは何か

　Cookieとは，ウェブサービス運営者がウェブブラウジングソフト（ブラウザ）を通じて生成し，ユーザーの端末[1]に保存するファイルをいいます。

　※ウェブサービス運営者には，ウェブサイトを運営する事業者に加えて，ウェブサイト上で広告を配信する事業者，ウェブサイト内に設置するツールを提供している事業者などのウェブサイト運営者が許諾した第三者が含まれます[2]。

1　端末とは，デスクトップパソコン，ノートパソコン，スマートフォン，タブレットなどの個々の機器を意味します。
2　本節5(1)で詳細を後述しますが，現在閲覧しているウェブサイト運営者が生成・保存するCookieをファーストパーティCookieと呼び，ウェブサイト運営者が許諾した第三者が生成・保存するCookieをサードパーティCookieと呼びます。

【ウェブサービス運営者の種類】

ウェブサービス運営者

・ウェブサイト運営者

・広告配信事業者

・ツール提供事業者……など

　この「ファイル」というのは，テキストファイルや，Wordファイル，Excelファイルといった，実体を持った1つひとつの，普段皆さまが利用しているファイルデータと同じものになります。

【Cookieファイルのイメージ】

　ただし，Cookieはファイルといっても他のファイルと異なる特徴があります。大きな特徴の1つは，そのファイルの中身に何が書き込まれるかについては，ユーザーではなく，そのCookieファイルを生成することになるウェブサイト運営者が決めるというものです。

【ウェブサイト運営者の指示によるユーザーの端末（ノートパソコン）へのCookieの保存】

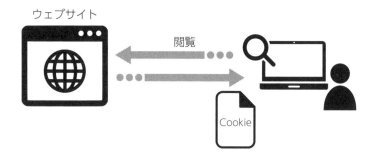

　Cookieの場合は，端末に保存する（される）というところは同じなのですが，そのファイルの中にどのような情報が書き込まれるのかについては，原則的にそのCookieを生成・保存したウェブサービス運営者が決めた内容が書き込まれることになります[3]。なお，本書では，Cookieに書き込まれた情報を「Cookie情報」と呼ぶことがあります。

　また，Cookieは必ずブラウザを通じて端末に保存されるファイルという特徴があります。ブラウザで有名なものはGoogle社のChrome（クローム），Apple社のSafari（サファリ），Microsoft社のEdge（エッジ）やIE（インターネット・エクスプローラー），モジラ・ファウンデーションのFirefox（ファイアーフォックス）などがあります。

　その他のブラウザもありますが，Cookieは必ずこれらのブラウザを通じてのみ端末に生成・保存することができます。

　このため，ブラウザではないスマートフォンなどのアプリケーション（例：ショッピングアプリやお天気アプリなど）からでは原則的にCookieが端末に保存されることはありません。ただし，ブラウザではないスマートフォンのアプ

3　自分の端末に保存されているCookieファイルの中身を，自身が書き換えることも技術的には可能です。ただし，Cookieファイルの中身を自身が書き換えるということは，通常の利用では行わない行為になります。あくまで，やろうと思えばできるというものです。

リケーションであっても，そのアプリケーションの中に「ウェブビュー」と呼ばれるブラウザ機能を追加することができます。その場合は，この「ウェブビュー」の機能部分を利用し，Cookieを生成・保存することができます。

2　Cookieの基本的な動作

(1)　Cookieを生成・保存する

　次に，実際にどのようにウェブサービス運営者がブラウザを通じてCookieを生成し，端末に保存しているのかについて概説します。

　前提として，あるユーザー（ブラウザ）がウェブサイトを訪問した場合に，Cookieを生成・保存するかどうかは，ウェブサービス運営者が任意に決めることができます。

　ブラウザがウェブサイトを訪問したからといって，必ずCookieが生成・保存されるものではありません。

　ウェブサービス運営者がCookieを生成・保存する方法は複数あります。

　例えば，ウェブサイト運営者が，ウェブサイトの内容をブラウザに読み込んでもらう際に，Set-Cookieという命令を記載しておくことによって，当該ウェブサイトのサーバ側によってCookieが生成されるという手法などがあります。

　現在，最も一般的に利用されているものの1つが，JavaScriptというプログラミング言語を使う手法です。

　Cookieを作成するプログラミングコード（命令文）をJavaScriptの文法（ルール）に沿って記述し，そのプログラミングコードをウェブサイトに設置し，訪問者がそのウェブサイトをブラウザで読み込むことによって，ブラウザを通じて訪問者の端末にCookieを生成し保存することになります。このCookieを生成・保存するためにウェブサイトに設置されるプログラミングコードは，「タグ」と呼ばれることもあります。

⑵　Cookieの内容を書き込む

　Cookieというファイルを生成・保存する際には，その内容（Cookie情報）も書き込む必要があります。Cookieの内容もウェブサービス運営者が任意に決めることができます。

　例えば，Cookieを生成・保存する際に，

```
document.cookie = 'ID=12345';
```

といったプログラミングコードを記述し，このプログラミングコードをウェブサイトに設置した場合，このプログラミングコードがウェブサイト訪問者のブラウザで読み込まれることによって，訪問者のブラウザを通じ，ファイル名が「ID」，書き込まれた値が「12345」のファイルが，訪問者の端末に生成・保存されることになります。

【ウェブサイト運営者の指示によるユーザーの端末（ノートパソコン）へのCookieの保存】

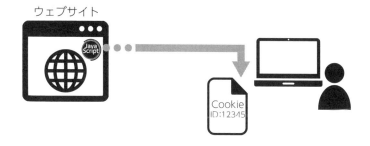

⑶　Cookieの内容を参照する

　Cookieに書き込まれた内容（Cookie情報）はどのようなタイミングで参照されるのでしょうか。端末がブラウザを通じてウェブサイトを閲覧する際，そ

のURLをブラウザで見たいというURLリクエストがブラウザからウェブサーバ側に送られます。このタイミングで同じドメインのCookieのファイルの内容が，端末から当該ウェブサイトを運営しているウェブサーバ側に送信されることとなり，ウェブサーバ側は送信されてきたCookieファイルの中身をデータとして取得することができます。これによって端末に保存されたCookieファイルの中身のデータがウェブサービス運営者に取得されることとなります。前述の例ですと，「ID」というファイル名と，書き込まれた「12345」という値が，ウェブサービス運営者に取得されることとなります。

【ウェブサイト運営者へのCookieファイルの内容（Cookie情報）の送信】

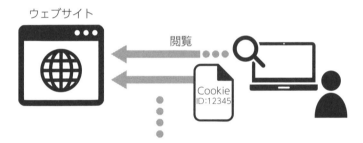

ウェブサイト

閲覧

Cookie
ID：12345

Cookieファイルの中身のデータ（ID：12345）
が端末からウェブサイトへ

なお，本節5(1)にて後述しますが，端末から送信されるCookieファイルの中身のデータ（Cookie情報）は，そのCookieファイルが持つ同じドメイン名のウェブサーバにのみ送信されることが許されます。あるドメインから生成・保存されたCookieの中身のデータは，当該ドメインを持つウェブサーバ以外に送信されることは原則としてありません。

3 Cookieファイルの保存場所

　端末に保存されたCookieが，端末の中のどの部分に保存されているかについては，端末のOSやブラウザの種類，ブラウザのバージョンによって異なります。

　ここでは，一例として以下の環境において，どこにCookieが保存されるかを示します。

　OS：Windows11
　ブラウザ：Chrome（バージョン122）

　この場合，OSの基本的な設定などを変更していない場合は，Cookieファイルは以下のフォルダに保存されます[4]。

　フォルダ：C:¥Users¥［NAME］¥AppData¥Local¥Google¥Chrome¥User Data¥Default¥Network
　ファイル名：Cookies
　※「AppData」フォルダ以下は，WindowsOSの設定にて「隠しファイル，隠しフォルダー，および隠しドライブを表示する」のオプションにチェックを入れた後に表示がされます。

　WindowsOSの設定は，Windowsのバージョンによって異なりますが，Windows11の場合は，「スタート」ボタン→右上の「すべてのアプリ」→「Windows システムツール」→「コントロールパネル」→「デスクトップのカスタマイズ」→「エクスプローラーのオプション」→「すべてのファイルとフォルダーを表示」→「表示」タブの中に，「隠しファイル，隠しフォルダー，

4　［NAME］はWindowsで設定した任意のユーザー名が入ります。なお，OSがCドライブにインストールされているケースを想定しています。

および隠しドライブを表示する」のオプションがありますので，そちらにチェックを入れてください。

Chromeの場合は，この「Cookies」という1つのファイルの中に，データが書き込まれていきます[5]。

【Cookieファイルの保存場所】

4 Cookieファイルに書き込まれる内容

Cookieファイルの中に書き込まれる情報（Cookie情報）は，そのフォーマットが決まっており，最大11の項目があります。

5　Chromeのバージョンによって，Cookieが保存されるフォルダが変わることがありますのでご了承ください。

【1つのCookieファイルの内容】

1	NAME
2	Comment
3	CommentURL
4	Domain
5	Expires
6	HttpOnly
7	Max-Age
8	Path
9	Port
10	Secure
11	Version

　それぞれの項目の詳細は省きますが，この中で最も重要なものが「1」の「NAME」です。

　この「NAME」には，そのCookieの名前・名称と，このCookieに記録する任意の値（テキストデータ，文字列）を保存することになります[6]。

　WordやExcelでも，ファイルに名前・名称を付けて保存をすることがあるかと思いますが，それと同じように，Cookieも1つひとつ名前・名称を保存するとともに，ファイルの中にデータを記録するということです。

　なお，名前・名称と値について，どんな名前・名称をつけるのか，どんな値を書き込むのかは，Cookieファイルをセットするウェブサービス運営者によって決められます。

　例えば，Cookieの名前を「ID」にして，値に任意のユーザーIDを書き込む

6　この「NAME」で設定される「名前・名称」は「名前」「キー」「Key」，「任意の値」は「コンテンツ」「値」「Value」などと表現されることがあります。このように，「名前・名称」と「値」が1対1で保存されるファイルの形式は，「キーバリュー形式（のファイル）」と呼称されることもあります。

こともできますし，Cookieの名前を「Size」にして，値に「Big」や「Small」といった文字列を書き込むこともできます。

5 ファーストパーティCookieとサードパーティCookie

(1) 概 念

Cookieには，ファーストパーティCookieとサードパーティCookieという分類があります。この概念について概説します。

Cookieはあるウェブサービス運営者の意図によって生成されます。そして，1つひとつのCookieファイルは，自らのCookieファイルがどのドメインによって読み込むことができるかのドメインの情報を持っています。

例えば，あるウェブサービス（例：https://www.aaa.com/）によって発行されたCookieは，当該Cookieを生成したウェブサービスのドメイン（例：「aaa.com」）の情報を持っており，このCookieが保有しているドメインと同じドメインのウェブサービス運営者であれば当該Cookieの内容を読み込んだり，さらに内容の上書きをしたりすることができます。また，別のウェブサービス（例：https://www.bbb.com/）がCookieを発行した場合，このCookieは「bbb.com」の情報を持っており，bbb.comのウェブサービスから内容を読み込んだり，上書きしたりすることができます。ただし，「aaa.com」が発行したCookieを「bbb.com」が直接読み書きすることはできませんし，逆もまたしかりで，「bbb.com」が発行したCookieを「aaa.com」が直接読み書きすることはできません（ただし，異なるドメイン間でのCookie内の情報共有を実現可能にした技術もあります。詳細は**第2章**で説明します）。

このように，Cookieファイル1つひとつはドメインの情報を持っています。さらに，ブラウザでウェブサイトを閲覧している際に，URLバーには閲覧しているウェブサイトのURLが表示されています。原則，このURLバーに表示されているURLのドメインと同じドメインを持つCookieのファイルがファー

ストパーティCookieとブラウザによって認識され，それ以外のCookieはサードパーティCookieとブラウザによって認識されます。その結果，後述のとおり，ブラウザの設定によるコントロールの処理などに差異が生じます。

　例えば，ブラウザを通じて端末内にaaa.comのCookieファイルと，bbb.comのCookieファイルが存在していたとします。この端末の同じブラウザで，aaa.comを閲覧している際は，このaaa.comのCookieファイルはファーストパーティCookieと評価され，bbb.comのCookieファイルはサードパーティCookieと評価されます。同じように，この端末の同じブラウザで，bbb.comを閲覧している際は，aaa.comのCookieファイルはサードパーティCookieと評価され，bbb.comのCookieファイルはファーストパーティCookieと評価されます。

　あるCookieが，ファーストパーティCookieなのかサードパーティCookieなのかは，現在ブラウザでどのサイトを閲覧しているかによって，相対的に定まるものとなります。

⑵　ファーストパーティCookieとサードパーティCookieのデータの取扱い

　ファーストパーティCookieとサードパーティCookieのデータの取扱いについて少し説明します。あるウェブサイト（aaa.com）をブラウザが閲覧している際に，このaaa.comが生成・保存するCookieがファーストパーティCookieになるというのは，前項⑴で説明したところです。しかし，このウェブサイトaaa.comの中に，他のドメインを持つコンテンツなどを設置することも可能です。ブラウザのアドレスバーにはaaa.comが表示されていますが，そのページ内に，例えば別のドメイン（ccc.com）を持つ画像などのコンテンツやタグを設置することによって，そのコンテンツやタグから，ccc.comのCookieをブラウザに対して保存することができます。このとき，ccc.comはサードパーティCookieとブラウザによって評価されます。この状態においてファーストパーティCookieに生成・保存された情報はファーストパーティのみが閲覧することができますし，サードパーティCookieに生成・保存された情報はそのCookie

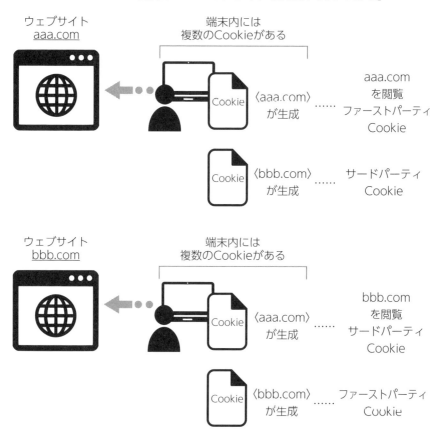

【ファーストパーティCookieかサードパーティCookieかは，
どのサイトを閲覧中であるかにより，相対的に異なり得る】

ウェブサイト
aaa.com

端末内には
複数のCookieがある

Cookie 〈aaa.com〉
が生成 ……

aaa.com
を閲覧
ファーストパーティ
Cookie

Cookie 〈bbb.com〉
が生成 ……

サードパーティ
Cookie

ウェブサイト
bbb.com

端末内には
複数のCookieがある

Cookie 〈aaa.com〉
が生成 ……

bbb.com
を閲覧
サードパーティ
Cookie

Cookie 〈bbb.com〉
が生成 ……

ファーストパーティ
Cookie

を生成・保存したサードパーティのみが閲覧することができます。

　このように，ブラウザのアドレスバーに表示されているドメインだけではな
く，サードパーティCookieを通じてサードパーティのドメインとブラウザを介
した情報のやりとりが行われることがあります。

【1つのウェブサイト内に他のドメインを持つコンテンツがあった場合】

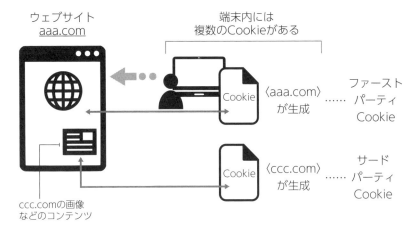

6 セッションCookieと持続Cookie

　Cookieには，セッションCookie（session cookie）と持続Cookie（persistent cookie）の違いもあります。セッションCookieは，ブラウザのセッションが終了した時点（通常は，ユーザーがブラウザを閉じた時）に失効します。他方で，持続Cookieは，セッションの終了時にも失効せず，基本的には，発行者が設定した有効期限が終了するまで存続します。

ここまではCookieの仕組みについて，最も基本的な内容を概説してきました。
本節では，それらCookieが実際にどのような場面において，どのような目的
で利用されているのかについて，紹介します。

1 ブラウザを一意に識別するIDを保存する場合

Cookieの値として，ブラウザを識別するIDを書き込むことが多くあります。
これは例えばそのブラウザを一意に識別することのできるIDをウェブサイト
運営者が生成し，そのIDをCookieファイルに保存します。

例：123456789，cH4b3G3gHUBW……など

これら，ブラウザを一意に識別するIDが記載されたCookieファイルは，い
くつかの用途で利用されることがあります。

(1) ログイン状態を維持するために利用する場合

代表的なものの1つは，ログイン状態を維持していることを確認するために
利用することです。

ログイン機能を持つウェブサイトが，当該ユーザー（ブラウザ）がログイン
しているかどうかを確認するために，Cookieを生成・保存することがあります。

これは，ログインをした際に生成・保存されるCookieファイルで，この場合
のCookieファイルには，ブラウザを一意に識別するIDを生成して書き込み，
IDを書き込んだCookieファイルを端末に保存します。

※この場合は，ウェブサイト運営者が，Cookieファイルに書き込まれたもの
　と同じIDをウェブサーバ側でも保有しています。

そのCookieファイルとそこに記載・記録されたIDが存在している状態でウェブサイトを閲覧している場合に，ログインをしている状態であるとウェブサイトが判断するために使用されます。ログアウトをしたり，一定時間が経つとそのCookieが削除されたりするように作られています。当該Cookieが存在していない状態でウェブサイトを閲覧すると，「ログインをしていないユーザー（ブラウザ）」と認識され，改めてログインをするように求められます。

【ログイン状態を維持するために利用】

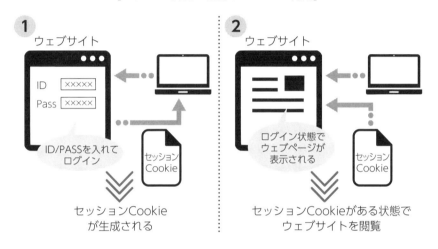

⑵　ターゲティングのために利用する場合

　ブラウザを一意に識別するIDが記録されたCookieファイルは，ユーザーに最適なコンテンツの出し分けや，いわゆるターゲティング広告の用途で利用されることがあります。

　コンテンツの出し分けについての基本的な動作は以下のようなものになります。あるユーザーがウェブサイトを訪れた際に，一意のIDを設定したCookieファイルを生成します。そのユーザーが再度ウェブサイト訪れた際，そのCookieファイルに保存してあるIDをウェブサイトが把握し，そのIDに紐づく

他の情報を確認し，そのIDを持つブラウザに対してウェブサイトの表示内容をカスタマイズして表示をするなどが基本的な動作になります。

　同じように，いわゆる行動ターゲティングについての基本的な動作は以下のようなものになります。ブラウザ識別子としてCookieに値が書き込まれた場合，その値を見てそのウェブサイトはそのブラウザに対してターゲティングを行います。例えばあるブラウザの識別子のIDを123456789とした場合，そのブラウザがどのようなウェブサイト（URL）を見たのかという情報をこの識別子と同時にウェブサイトが持つサーバ側のデータベースに保存しておきます。そうすることによって次にまたこのブラウザがあるウェブサイトを見たときに，このブラウザ識別子と同じ識別子を持つものが過去どのサイトを見たのかということなどをウェブサイト提供者が把握することができます。それを根拠としてこのブラウザに対して，例えば同じようなコンテンツを出したり，コンテンツを出し分けたりするなどといったことを行うものになります。

【ターゲティングのために利用】

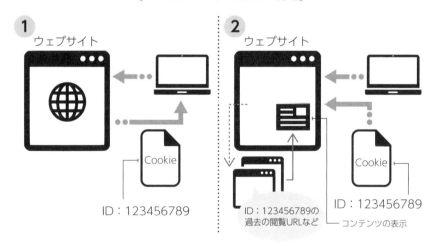

⑶　分析のために利用する場合

　ブラウザを一意に識別するIDが記録されたCookieファイルは，ウェブサイトの特定のページの閲覧数をカウントしたり，ユーザーのクリックなどの行動を分析したりする用途で利用されることがあります。

　分析における基本的な動作は以下のようなものになります。あるユーザーがウェブサイトを訪れた際に，一意のIDを書き込んだCookieファイルを生成します。そのCookieファイルを保持する端末の同一ブラウザを利用してユーザーがウェブサイト上でリンクをクリックした場合，クリックしたリンクのURLと一意のIDを同時にウェブサーバ側で保持します。このデータの保存を繰り返すことによって，どのIDのユーザーがどのようなリンクを何回クリックしたかなどを分析することができるようになります。これによって，よくクリックされるリンクがどれであるかなどを分析することができるようになります。

　　※ブラウザを識別するIDは，前述したようにログインの維持管理のために使われる場合もありますが，インターネット上で広告を配信したり，アクセスを解析したりする際などにも広く使われています。

　　Cookieファイルにブラウザ固有のIDを記載した場合，それを広告やターゲティングのために使うのか，ログインの維持のために使うのかなどは，それぞれ任意に定められるものとなります。

2 ｜ ウェブサイト固有の設定を保存しておく場合

　基本的なCookieの利用ケースの1つにウェブサイトの文字サイズの設定などを保存している場合があります。

　例えばあるウェブサイトで，文字のサイズを選択すると当該ウェブサイトで表示される文字のサイズがその選択に合わせて変更されるようなウェブサイトがあったとします。

　そしてこのウェブサイトではブラウザの設定を保存するためにCookieを使

うことがあります。例えば文字サイズを「大」に変更したユーザーに対しては，Cookieの名前を「Font size」とし，値を「Big」としてCookieファイルを端末に保存します。そして次のタイミングでこのユーザーが（正確にいうとこのユーザーのブラウザが）同サイトを訪れた際に，同サイトはそのCookieの値を受け取り「Font size」が「Big」であった場合は最初からその設定（文字サイズを「大」）でウェブサイトを表示させるといった利用が考えられます。

【ウェブサイトの設定を保存するために利用】

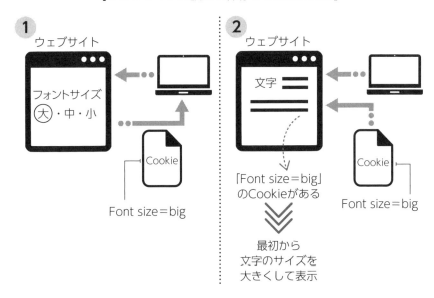

Cookieの利用目的による分類例

　Cookieには様々な利用用途があり，その大まかな分類がされることがあります。例えば国際商業会議所（ICC）の英国支部が出したガイド文章（ICC UK Cookie guide）[1]においては，Cookieをその役割などから以下の4つの種類に分類し整理しています。

　カテゴリ1：厳密に必要なCookie（strictly necessary cookies）
　カテゴリ2：パフォーマンスCookie（performance cookies）
　カテゴリ3：機能性Cookie（functionality cookies）
　カテゴリ4：ターゲティングまたは広告Cookie（targeting or advertising
　　　　　　cookies）

　それぞれのカテゴリに該当するCookieは，ICCの文章内で以下の事例とともに，その利用目的別の分類が紹介されています。

カテゴリ1：厳密に必要なCookie（strictly necessary cookies）
　ユーザーに一貫した正確なサービスを提供するために利用されるもので，主に現在のウェブサイトを閲覧している全ユーザーと当該ユーザーを区別し，当該ユーザー固有のものとしてユーザーを識別（またはブラウザを識別）するための一意のIDを保存しているものとされています。

1　https://www.cookielaw.org/wp-content/uploads/2019/12/icc_uk_cookiesguide_
　revnov.pdf

例えば，同じセッションでページに戻るときに，以前のアクション（ユーザーが入力したテキスト，または「カート」に追加された商品など）を記憶していたり，ログインの有無を確認するためのCookieなどがこのカテゴリ1に含まれるとされています。

カテゴリ2：パフォーマンスCookie（performance cookies）

　訪問者がウェブサイトをどのように使用したかに関する情報を収集したり，ウェブサイトの改善のために利用されたりするものとされています。例えば，訪問者が最も頻繁にアクセスするページはどれかを把握するウェブ分析のためのCookieや，アフィリエイトを実現するために利用されるCookie，ウェブページからエラーメッセージが表示されるかどうかを管理するCookieなどがこのカテゴリ2に含まれるとされています。

カテゴリ3：機能性Cookie（functionality cookies）

　ウェブサイトの動作や外観を変更するユーザーの選択肢を記憶するために利用されるものになります。例えば，レイアウト，フォントサイズ，設定，色などユーザーがウェブサイトに適用した設定を記憶したり，ウェブサイトの初回訪問時かどうかを確認しチュートリアルを出す出さないなどを把握したりするために利用されるCookieなどが，このカテゴリ3に含まれるとされています。

カテゴリ4：ターゲティングまたは広告Cookie（targeting or advertising cookies）

　ウェブサイトの閲覧履歴などをブラウザ単位で補足したり，ウェブ広告を配信したりするために利用されるものになります。主にサードパーティのCookieですが，ユーザが広告配信事業者自身のウェブサイトを閲覧している場合，当該CookieはファーストパーティのCookieとなる可能性があります。当該Cookieは主にブラウザを識別するために，ブラウザ固有のIDを生成し，Cookieファイル内に保存されます。例えば，ユーザーの過去の閲覧履歴を分析した結果として類推されるそのユーザー（ブラウザ）の趣味嗜好などに合わせたコンテンツや広告を表示させるために使用されるCookieなどがこのカテゴリ4に含まれるとされています。

　上記で紹介したCookieの分類はあくまでも一例になります。あるウェブサイ

トでは類似表現として「必須Cookie」「分析Cookie」「機能性Cookie」「広告Cookie」と表現しているものもあります。表現が同じ，または近いものであっても意味するものが異なる可能性があることに留意してください。

　Cookieの利用を規制するEUのeプライバシー指令は，必須Cookie（strictly necessary cookies）に関する例外を設けていますが，その他の分類は様々な業界団体や企業が独自に定めているにすぎず，分類の手法や分類そのものについても複数の考え方があることに留意してください。

　また，例えば上記のICCの分類にもあるように，「Cookieにどのような情報を保存しているか」は分類を決定するにあたって最大の要因にはなりません。

　多くのケースにおいて，「ブラウザを一意に識別するID」を生成し，Cookieに保存することがあります。しかし，それを何に使うか，すなわちログインセッションの維持に使うか，訪問回数を把握するために使うか，ターゲティング広告に使うかどうかなどは，あくまでCookieを生成した側によって定められるものになります。

第4 オプトアウトの仕組み

　端末に保存されたCookieファイルとそこに書き込まれた情報について，どのように個々人が管理・コントロールすることができるのでしょうか。こちらについては，様々な手段が用意されていますので，その一部を紹介します。

1 ブラウザの設定によるコントロール

　それぞれのブラウザで設定をすることでCookieをコントロールすることができます。その他の方法に比べた場合に，ブラウザによって設定する方法が最も強力なコントロール方法になります。
　設定する項目，設定方法，設定に対してどのようにブラウザが動作するかについては，ブラウザによって細かなところで違いがありますが，一般的には，以下のような設定をすることが可能になります。

すべてのCookieを削除する	ブラウザによって生成されたCookieをすべて削除します。
すべてのCookieをブロックする	ファーストパーティCookie，サードパーティCookieの両方のCookieの利用をさせないようにします。
すべてのCookieを許可する	ファーストパーティCookie，サードパーティCookieの両方のCookieの利用を可能とします。
サードパーティのCookieのみブロックする	サードパーティCookieのみCookieの利用をさせないようにします。
プライベートブラウジングを利用してCookieをブロックする	ブラウザをプライベートブラウジングモードで利用する際にのみ，Cookieをブロックします。

ブラウザの機能を拡張するプラグインなどを導入してCookieを管理する	ブラウザに追加できるプラグインなどの拡張機能を利用して，Cookieを個別に管理します（※拡張機能によって動作は異なります）。
ブラウザから保存された個々のCookieファイルを閲覧する，内容を上書きする	ブラウザから，保存された個々のCookieファイルを閲覧したり，Cookieファイル1つひとつを削除したり，中身を書き換えたりします。

【コラム①】 ChromeにおけるCookie設定の方法

　ここではChrome（バージョン122）を使ったCookie設定の方法を紹介します。

　Chromeブラウザのメニューより「設定」→「プライバシーとセキュリティ」→「サードパーティCookie」と進むと大まかな設定の箇所があります。

　本書執筆時点では，

　「サードパーティのCookieを許可する」

　「シークレットモードでサードパーティのCookieをブロックする」

　「サードパーティのCookieをブロックする」

　が存在しています（そしてデフォルトでは「サードパーティのCookieを許可する」にチェックが入る仕組みであると思われます）。

　それぞれの設定の概略は以下になります。

　「サードパーティのCookieを許可する」

　……ファーストパーティCookieとサードパーティCookieの両方のCookieを利用可能にする設定になります。

　「シークレットモードでサードパーティのCookieをブロックする」

　……ブラウザをシークレットモードで起動している場合のみ，サードパーティのCookieをブロックするというもので，通常のブラウジングの場合は，「Cookieをすべて受け入れる」の設定と同じく，ファーストパーティCookieとサードパーティCookieの両方が利用可能になる設定になります。

　「サードパーティのCookieをブロックする」

　……サードパーティCookieの利用を不可とする設定です。ファーストパー

ティCookieはそのまま利用されます。

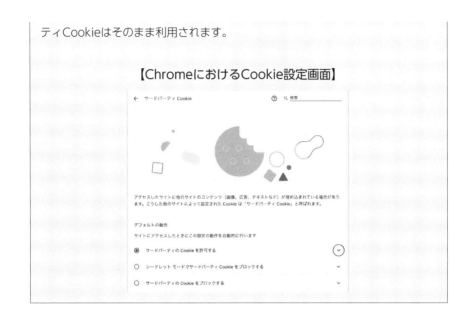

【ChromeにおけるCookie設定画面】

2 ウェブサービス事業者が提供するコントロールの手段

　Cookieを生成・保存するウェブサービスが，その生成・保存したCookieの利用についての設定を自らウェブサイト上で提供している場合があります。

　こちらは主に，いわゆるターゲティング広告を行っているようなウェブサービス事業者がコントロールの手段を提供していることが多く，一般的にオプトアウトと呼ばれていることがあります。

　この設定をすることによって，ターゲティング広告に利用されるCookieの利用を拒否する意図をウェブサービス側に伝えることができ，ウェブサービス側は，その意思（オプトアウトの意思）に対して，ターゲティングを実行しないなどの動作をすることがあります[1]。

1　どのように「ターゲティングを実行しないか」については，事業者によって様々な手法があります。

ターゲティング広告のようなウェブサービスを導入したウェブサイト運営者
は，それらを導入した自らのウェブサイト内から，リンクを掲載することに
よって，ユーザーがオプトアウト機能に到達するような動線を用意することが
一般的に行われています。

　このようなターゲティングからの離脱（オプトアウト）は，インターネット
の広告業界において自主的な取組みとして古くから存在しており，日本におい
ては，一般社団法人日本インタラクティブ広告協会（JIAA）という業界団体
が自主的な業界ガイドラインを公表しており，多くの広告配信事業者がこのガ
イドラインに沿ったオプトアウト手段を提供しています。

3 ウェブサイト運営者が提供するコントロールの手段（CMPを利用したコントロール）

　ウェブページをブラウザで見ていると，画面の下からCookieについての設定
の画面が出てくることがあることを経験した方もいるのではないでしょうか。
これらのウェブサイトの多くは，一般にCMPと呼ばれるツールを導入してい
ます。CMPとはコンセントマネジメントプラットフォームの略で，当該ツー
ルが導入されたウェブサイトにおけるCookieに関する同意の管理を行うこと
ができるツールです。

　CMPを提供しているシステムベンダーは多々存在しており，その仕様も様々
ですが，通常は，ユーザーが，Cookieの利用目的の分類（前述第3参照）ごと
にCookieへの同意・不同意を決めることができます。さらに，個別のCookie
ごとに，ユーザーが同意・不同意を選択することができるものもあります。
ユーザーが同意しなかったCookieについては，ユーザーの端末に生成・保存さ
れない仕組みになっています。

　基本的にはCMPは，このような機能を実現するために，独自のサードパー
ティCookieを使っており，CMPがブラウザに保存したサードパーティCookie
に書き込まれたIDと，ユーザーの同意・不同意の選択結果が紐づけられ，ブ
ラウザ単位で管理されています。

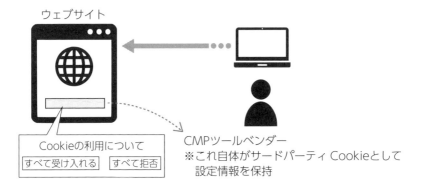

【CMPツールによるコントロール】

ウェブサイト

Cookieの利用について
| すべて受け入れる | | すべて拒否 |

CMPツールベンダー
※これ自体がサードパーティCookieとして
　設定情報を保持

4　業界団体によるコントロール

　企業の垣根を越えて，業界団体によってこの団体に参画している企業が発行するCookieのターゲティングなどに関するオプトアウトを一括で行っているようなケースもあります。

　例えば以下は，日本のDDAI（Data Driven Advertising Initiative）という団体によるオプトアウトの提供サイトになります。

DDAI―オプトアウト等
https://www.ddai.info/optout

第 2 章

技術的側面から見る
トラッキングの現在地

第1 トラッキング技術のエッセンス

前章ではCookieについて説明してきましたが，Cookieはユーザーのオンライン行動のトラッキング技術の1つにすぎません。本章ではトラッキング技術に共通する基本的な考え方を，Cookie以外のトラッキング技術も紹介しつつ，解説します。

1 はじめに

ユーザーの行動のトラッキングというのは「いつ」「誰が」「どこで」「何をした」の記録であり，「誰が」を紐づけることができなければトラッキングになりません。

そこでCookieなどのトラッキング技術の本質は，ユーザーごとの識別子をどうやってユーザーの端末に保存し（書き込み），保存した識別子をどうやって参照する（読み取る）か，ということになります。保存・参照のいずれかができなければトラッキングはできません。そして時に識別子をサイトやアプリをまたいで（＝複数のサイト・アプリ間で）共有するために，識別子を引き渡す作業を行う場合もあります。このように，トラッキング技術は識別子の保存・参照・引き渡しの組み合わせでできています。

Cookieとドメインの関係で，基本的に自社ドメインのCookieは自社サイトで読み書きするもの，例えばドメインexample.comのCookieはexample.comが参照する，ドメインgoogle.comのCookieはGoogleが参照するものという考え方があります。

以下では，保存・参照・引き渡しの各技術について，詳述します。

また，これまで説明したCookie以外の行動トラッキングとして「ポストCookieのトラッキング技術」や「Cookieの代替技術」と呼ばれる技術が登場しています。これについても説明します。

【用語解説】

◆トラッカー：ユーザーのトラッキング（追跡）機能を持つシステム。トラッキングの目的は様々で，広告配信や行動分析などのケースがあります。

◆計測サーバ：トラッカーが計測されたデータを受け取るためのサーバ。

◆SDK（Software Development Kit）：主にモバイルアプリで第三者が提供した機能を使うために組み込むプログラム一式。例えば，自社アプリで広告ネットワークのSDKを導入することで広告配信（とそれに基づく収益化）ができるようになります。

2 識別子の参照

(1) ブラウザの場合

　ウェブのブラウザの場合，Cookieに保存された識別子を参照することが一般的です。Cookieはストレージ（データの保存領域）であり，そこに保存された値は有効期限を過ぎるか，ユーザーがブラウザの設定画面から明示的に削除をするか，サーバやJavaScriptのプログラムが削除処理を行わない限り保持され続けます。そこで，トラッカーによって生成されたサイト訪問者固有の値をCookieに保存し，それをブラウザの識別子として使うのが通例です。実際にはサイト訪問者固有の値を生成するのは難しいので，乱数を使います。疑似的にサイト訪問者固有の値になる（生成する乱数の重複が発生しない）ように十分な長さの乱数を使うのです。

(2) アプリの場合

　モバイルアプリの場合，OSによって設定された端末固有の識別子があらかじめ用意されています。広告のために用いられるもので，Androidの場合AAID（Android Advertising Identifier），iOSの場合IDFA（Identifier for Advertisers）

といいます。まとめて広告識別子ということもあります。

　これらは端末固有のものであり，同じ端末内であればどのアプリから取得しても同じ値を取得することができます。

　Androidでは現時点ではアプリのSDKからAAIDを自由に取得できます。つまり任意のAndroidアプリで端末の識別子を参照できるのです。一方，iOSではiOS14.5以降でアプリから端末のIDFAを取得するのにユーザーからの同意が必要になりました。

　アプリをまたいだトラッキングができるとどんなことが可能になるのでしょうか。また，識別子の利用がプライバシーの観点からどのような意味を持つのでしょうか。

【アプリBとCに広告ネットワークAのSDKが組み込まれている】

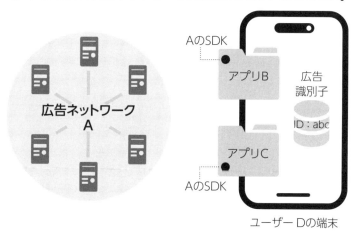

ユーザー Dの端末

　例えばアプリＢの開発者がアプリＢに広告ネットワークＡのSDKを組み込み，アプリＣの開発者がアプリＣにも広告ネットワークＡのSDKを組み込みます。そして広告ネットワークＡのSDKは端末の広告識別子を参照するように設定されています。

　とあるユーザーのＤさんが，アプリＢとアプリＣを１つの端末にインストー

ルしたとします。

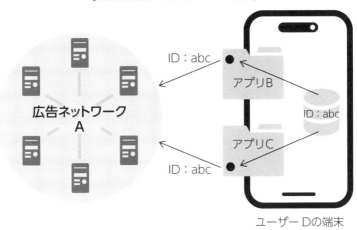

【広告識別子を参照できる場合】

ID：abc
アプリB
ID：abc
アプリC
ID：abc
広告ネットワーク
A
ユーザーDの端末

　するとアプリBでもアプリCでも広告ネットワークAの広告が表示されます。アプリB内の広告枠でもアプリC内の広告枠でもユーザーは同じDさんとして認識されるため，アプリBとアプリCで同じ広告を表示することができます。いろいろなアプリで同じ広告を表示することができるのです。

　そしてアプリB内でのDさんの行動が広告ネットワークAのサーバに送信され，それに基づいてアプリCから広告を表示することもできます。またアプリB内でのDさんの行動とアプリC内でのDさんの行動を同一人物の行動としてAのサーバで紐づけることが可能です。

　広告ネットワークAのベンダーとアプリBの開発者は異なってもそれを実現できる，つまりサードパーティの関係であっても同一人物の行動を特定できてしまうわけです。これはウェブにおけるサードパーティCookieを使った行動ターゲティング広告と同じ原理になります。

　一方で広告ネットワークAのSDKが端末に固定された広告識別子を参照できないとどうなるでしょうか。

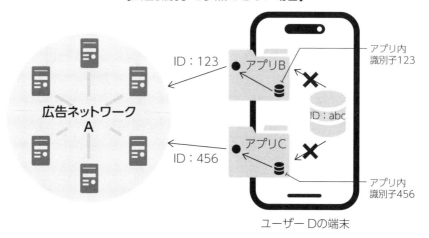

【広告識別子を参照できない場合】

広告ネットワーク
A

ID：123　アプリB

ID：456　アプリC

アプリ内
識別子123

ID：abc

アプリ内
識別子456

ユーザー Dの端末

　この場合，アプリBで広告ネットワークAのSDKがサーバに送る識別子とア
プリCで広告ネットワークAのSDKがサーバに送る識別子が別物になります。

　その結果，Aのサーバにおいては，アプリB内でのDさんの行動とアプリC
内でのDさんの行動を同一人物のものとして把握できないため，アプリB内で
のDさんの行動は，アプリCで配信される広告には反映されません。

　ブラウザにおいてサードパーティCookieが使えないのと同じような世界に
なるわけです。

　つまり「アプリをまたがないトラッキング」と「アプリをまたいだトラッキ
ング」はCookieにおけるファーストパーティCookieとサードパーティCookie
の違いと一致します。

　そのため，サードパーティCookieがプライバシー上望ましくないものとする
意見があるのと同様に，モバイルアプリにおいてもアプリをまたいだトラッキ
ングは望ましくないものとして扱われる流れがあるのです。そのため，iOSで
は広告識別子の取得に対してユーザーの同意を求めるようになっていますし，
Androidでも広告識別子に代わるプライバシーを保護した技術の導入を検討し
ています。

一方でアプリをまたがない，アプリ内に閉じたトラッキングはアプリ運営上必要なものとみなされています。

例えば，GoogleのFirebaseのようなアプリ内に閉じた行動計測ツールのSDKを導入すると，簡単にユーザーのアプリ内での行動をトラッキングできます。また，アプリ内でユーザーに会員登録してもらって自社会員IDを発行すれば，その会員IDごとの行動を記録・計測することもできます。

3 識別子の保存

(1) ブラウザの場合

ブラウザの場合，識別子はCookieに保存されることになります。この保存が具体的にどのように行われるかなどについては，**第 1 章第 1 の「②Cookieの基本的な動作」**で説明しています。

(2) アプリの場合

モバイルアプリの場合，OSによってあらかじめ，広告識別子が端末ごとに一意に割り当てられています。また，アプリ内に閉じて用いられるユーザーの識別子であればアプリの開発者が任意にアプリ内のデータベースに保存することができます。アプリのデータベースの実装方法は開発者次第です。また，Firebaseのようなアプリの計測ツールでは，計測ツールのSDK内のデータベースに識別子が保存されます。

ブラウザではあらかじめ設定された識別子がないので，どこかで生成した識別子を保存する必要があります。それがブラウザのストレージです。ストレージの1つがCookieです。ストレージにはそれ以外にIndexedDB，ローカルストレージ，セッションストレージがあります。これらもCookieと同様に識別子に限らずキーバリュー形式であれば何でも保存できるストレージです。CookieはJavaScriptとサーバの両方から値を読み書きできますが，それ以外のスト

レージはJavaScriptのみから読み書きできます。また，Cookie以外のストレージは同一サイト（オリジン）からしかアクセスできず，CookieでいうファーストパーティCookieより厳しい範囲でしかアクセスできません。なお，キーバリュー形式やJavaScriptの説明については，**第1章第1の「[2]　Cookieの基本的な動作」**をご参照ください。

4 識別子を引き渡す

　ウェブサイトをまたいで識別子を共有することで，自社のドメインの異なるサイト間で同じユーザーを特定することができますし，他社のサイトと同じユーザーを特定することもできます。これがサードパーティCookieの1つの用途でした。同様に端末識別子を引き渡せば，自社のモバイルアプリと他社のモバイルアプリで同じユーザーを特定することができるようになります。

　サードパーティCookieのように異なるサイトから共通のストレージを参照できない場合，ユーザーはサイトごとで異なる識別子を持つことになります。

　例えば，あるユーザーCがサイトAとサイトBを訪問した際に，サイトAで

【ユーザーCがサイトAとサイトBを別々のタイミングで訪問する場合】

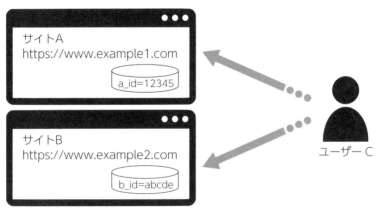

この時点では，サイトBではユーザーCのa_idは未知

の識別子（仮にa_idとします）の値が12345で，サイトBでの識別子（仮にb_idとします）の値がabcdeだったとします。

a_id=12345とb_id=abcdeが1カ所で紐づけばサイトをまたいだトラッキングが実現できます。

これを実現するために，サイトAからサイトBに遷移する際，サイトA内に設置されたサイトBへのリンクに，サイトAでのユーザーの識別子を付加する方法があります。例えばサイトAからサイトBのページへのリンクに，サイトAにおけるユーザーCの識別子を付加します。

[付加前]　https://www.example2.com/campaign.html
[付加後]　https://www.example2.com/campaign.html?a_id=12345

このようにすると，サイトBのサーバではa_idというユーザーAの識別子を受け取ることができます。

【ユーザーCがサイトAを経由してサイトBに訪問する場合】

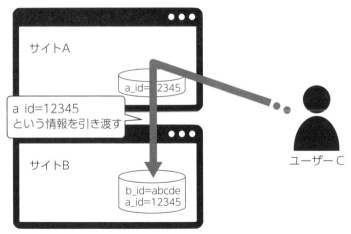

サイトBにおいて「b_id=abcde」と「a_id=12345」が同一人物であるとわかる

サイトB側が受け取ったa_idは，サーバがデータベースに書き込むなり，Java
Scriptがcookieに書き込むなりして保存されます。サイトB側で発行した識別
子をa_idと紐づけることも可能です。つまり，サイトをまたいで同じユーザー
であることを特定できるようになるわけです。

　このようにして識別子の引き渡しはできるのですが，ここで保存を禁止する
ことによってサイトをまたいだトラッキングを防止するブラウザもあります。

　以上で述べたようなURLにクエリ文字列（パラメータ）を付与することに
よって識別子を付加し，遷移先の識別子と同期するという方法はよく使われま
す。例えば，次のような応用が実施されています。

- マーケティングオートメーションを使ってウェブサイトへの誘導付きEメール
  を配信する際，Eメール内のウェブサイトへのリンクに個人を識別するリード
  IDを付けることで，マーケティングオートメーションのツール内でのリード
  情報とウェブ行動履歴を紐づけることができます。
- また，モバイルのメッセージングアプリ内でメッセージにウェブサイトへのリ
  ンクを入れる際，アプリ側での識別子を付加すればアプリとブラウザで同一
  ユーザーの特定ができます。
- HTMLメールの中にウェブビーコンを仕組んでおいて，そのURLに識別子を付
  けておけば，誰がEメールを開封したのかを特定できます。

　URLのパラメータを使ったIDの引き渡しは，DSPなどの広告プラットフォー
ム間でプラットフォーム同士のIDを共有するCookie-syncにおいても使われて
きました。

　このようにあらゆるトラッキングの技術は識別子の参照，保存，引き渡しを
意識すると整理しやすいです。そしてAppleのITPなど，プライバシー保護の
ためのトラッキング制限の技術もこの3つのどれかにメスを入れるものです。

5 引き渡しの技術の具体例

⑴ クロスドメイントラッキング設定

　Googleアナリティクスなどのウェブ行動計測ツールでは，自社で複数のサイト（ドメイン）を運営する場合にまとめて1つの計測システムで計測することができるようになっています。単一のサイトではファーストパーティCookieベースの識別子でユーザーをユニークに特定することができますが，複数のドメインのサイトがある場合はドメイン間で識別子の「引き渡し」をしないとドメイン間で同じユーザーを特定することができません。そこで，ベンダーは識別子の引き渡しを簡単に実現できる仕組みを用意しています。

　JavaScriptの計測タグを計測対象のすべてのサイトに設置します。そして，クロスドメイントラッキング設定を有効化し，計測対象として識別子を引き渡すドメインを指定しておきます。

　タグの設置されているページ内で指定したドメインのサイトに遷移するリンクをクリックすると，クリックした瞬間に計測ツールから識別子を取得してリンクのURLにクエリ文字列として付加します。書き換えられたURLに遷移すると，遷移先ページで設置されたタグがそのクエリ文字列を処理して遷移先ドメインでの識別子として扱い，Cookieに書き込みます。

　ドメイン間で遷移する際に識別子を引き渡すことから「クロスドメイントラッキング」といわれます。この機能はドメイン間遷移，つまりリンクで遷移する際にのみ有効で，それぞれのサイトに別々に外部（検索エンジンなど）から流入がある場合には識別子を共有できない点には留意しておく必要があります。

⑵ 広告のクリックID

　ウェブの広告は広告主サイトへのリンクになっている，つまりクリックする

と広告主サイトへ遷移するものですが，どの広告クリックが成果（コンバージョン）を生んだのかを特定するために使われる方法です。

広告のリンクに，広告プラットフォームによって生成されたクリックを識別するIDがクエリ文字列として仕込まれています。それをクリックするとこれまでの説明のようにリンク先サイト（広告主サイト）にクリックIDが引き渡されます。クロスドメイントラッキングと同様，リンクをクリックして遷移する際に識別子が付与される挙動です。

リンク先サイトで広告プラットフォームのタグを設置しておくと，クリックID付きの流入の際にはクリックIDに基づいてユーザーの識別子が発行され，Cookieに保存されます。

そのサイトでコンバージョンが発生したとき，コンバージョン計測タグが，コンバージョンが発生したという情報をそのユーザー識別子とともに広告プラットフォームの計測サーバに送ります。

このような識別子の引き渡し→保存→参照の一連の流れの結果，広告プラットフォーム側でクリックIDとコンバージョンを照合できるのです。

広告に限らず，一部SNSからの非広告リンクにおいても自動でクリックIDが付与されるケースがあります。この場合はリンク先ページにSNSのサービス運営者のタグが設置されていなければクリックIDはCookieに保存されません。識別子を引き渡したが受け取る相手がいない状態です。

広告の効果計測という広告出稿する上で必要な目的を満たすための実装ではあるのですが，サイトをまたいで個人の行動をトラッキングすることに他なりませんし，利用方法によっては複数の事業者間での情報共有を伴うことから，OSによってはこれをプライバシー保護の観点から望ましくない実装として嫌っています（詳細は次節で解説します）。

(3) リダイレクトトラッキング（バウンストラッキング）

これまでの識別子の引き渡し方法というのは直接二者間で識別子を共有する実装でした。

リダイレクトトラッキングというのは，遷移の際，間にリダイレクトを挟む方法です。

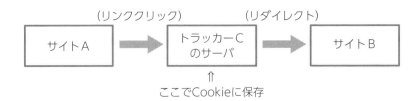

　遷移する際，リンクのURLが遷移先サイトそのものではなく，トラッカーの計測サーバになっています。クリックすると一度計測サーバに遷移するのですが，すぐにリダイレクトで本来の遷移先サイトに飛ばされます。

　計測サーバはページを表示せず，クエリ文字列の処理のCookieの読み書きをして目的サイトにリダイレクトするプログラムが動作するだけです。一瞬の処理で識別子の引き渡しと保存を行います。

　トラッカーの計測サーバへのリンクにサイトAでの識別子を付与すればトラッカーCに識別子を送ることができます。識別子に限らず遷移元サイトでトラッカーのスクリプトがURLに様々な情報（訪問したURLなど）を付加し，トラッカーの計測サーバでそれを受け取ることが可能です。誰がサイトAでどんな行動をしたのか，サイトBのどのページに遷移したのかがトラッカーCに記録されるわけです。

　多数のサイト間で何段階ものリダイレクトを挟むことで識別子を送り合い，それぞれのサイトで識別子をデータベースに保存することで識別子を共有することもできます。

この方法は，リダイレクトを挟むことからリダイレクトトラッキング，また一瞬でバウンスする（立ち去る）ことからバウンストラッキングと呼ばれます。

　かつてこの技術が広告プラットフォームで使われていた時期もありました。しかし現在，リダイレクトトラッキングは典型的なサイトまたぎトラッキングの技術としてサードパーティCookieと同様の扱いとされ，基本的にすべてのブラウザで制限をかけられる流れで動いています。事実，SafariやFirefoxではリダイレクトトラッキングのような遷移パターンの場合にCookieが保存されなくなっています（Chromeでも今後防止する方針を出しています）。

6 ポストCookieのトラッキング技術

　ここでは「ポストCookieのトラッキング技術」や「Cookieの代替技術」などと呼ばれることの多い周辺技術を紹介します。

(1) フィンガープリンティング

　個人を特定する技術として「フィンガープリンティング」が言及されることがあります。

　フィンガープリンティングとはブラウザのバージョンやデバイスのスクリーン情報（解像度，スクリーンタッチできるかどうか）など，端末に関する様々な情報を組み合わせることで個人を絞り込んでいく技術です。このように，フィンガープリンティングは個人の識別子を扱うものではないのです。フィンガープリンティングを構成する技術単体，例えばスクリーンの解像度だけでは個人のおおまかな分類しかできず，個人の識別までは実現できません。それらを数多く組み合わせることで個人の特定性を高める取組みです。

　当然ブラウザのバージョンを更新したら値が変わることもありますし，同じ機種とブラウザを扱う人が一定数存在する以上，究極的には1人の個人を特定することはできないという点には留意しておくべきです。

⑵　共通ID

　共通IDというのはサードパーティCookieに代替して個人を特定することで広告のオーディエンスターゲティングを実現する技術の１つです。

　例えば以下のような使われ方をします。

　ユーザーが広告枠の設置されているサイトに訪問するとログインを求められます。そしてユーザーが共通IDへの参加（ターゲティング広告の表示）に同意すると，登録済みのメールアドレスや電話番号をハッシュ化・暗号化したものが共通IDプラットフォームのサーバに送られます。そして，このプラットフォームに参加している広告配信プラットフォーム（DSPやSSPなど）と広告枠を設置しているサイト（パブリッシャー）で共有されて利用されます。このログイン情報はブラウザ内のファーストパーティCookieに保存されます。

　複数のウェブサイトと広告配信プラットフォームが同じ共通IDのプラットフォームに参加することで，それらのウェブサイトや広告配信プラットフォーム間でIDが共有されます。サイトをまたいだトラッキングが実現されるのです。そしてユーザーは，同意の上でそのプラットフォームに自分のメールアドレスなどの情報を提供するわけです。

　具体的な流れは次のとおりです。メールアドレスをユーザーが入力（ログイン）するときに，メールアドレスのハッシュ値がサーバに引き渡されます。例えば，ユーザーAがサイトBとサイトCで同じメールアドレスaaa@example.comを使ってログインします。すると，サイトBとサイトCではそれぞれaaa@example.comというメールアドレス（のハッシュ化された値）を受け取るので，サイトBとサイトCの間でメールアドレスaaa@example.comという値を使って訪問者の履歴を照合することができます。このようにユーザーAがログインに同じメールアドレスaaa@example.comを使ったサイト間では，ユーザーAの同一性を担保してデータを扱うことができます。

　Cookieを使うため厳密な意味では「Cookie以外のトラッキング技術」ではないのですが，ポストCookieの文脈で語られることが多いため，ここで触れて

おきました。主なものにThe Trade Deskが提唱しているUnified ID 2.0や
LiveRamp社のRampIDなどがあります。

第2　OSやブラウザの提供者による　トラッキング規制

1　ベンダーの方針と広告事業

　世界的なプライバシー保護の流れを受け，ブラウザやOSにおいては，ユーザーのプライバシーを保護する実装が強化されてきています。ウェブサイトの運営者や，計測ツールベンダー，アドテクベンダー，アプリベンダーによる無闇な行動トラッキングを防ぐために，彼らの手に不必要な個人の行動データが渡らないようにしているのです。ブラウザの世界ではChromeとSafariがシェアの大半を占め，同様にモバイルアプリのOSではAndroidとiOSがシェアのほとんどを占めていますが，これらを提供しているGoogleとAppleのプライバシー保護の方針と実装に着目しておくことは重要です。

　GoogleとAppleのプライバシー保護に対する姿勢の背景として，両社の広告事業との関わり方がカギになります。Googleは広告配信を主な事業としている会社で，Appleは広告を主な事業としていません。トラッキングの大きな目的に広告配信における行動ターゲティングがあるのですが，トラッキングを完全に封じてしまうと，この行動ターゲティングが困難になります。リターゲティングを含む行動ターゲティングは広告媒体やプラットフォームにとって収益の大きな柱だったわけですが，単純にトラッキングを禁止してしまうと，この収益を失うことになります。つまりAppleは広告を主な生業としていないためトラッキングを禁止することは比較的容易ですが，Googleはトラッキングを禁止することにおいては慎重にならざるをえないといえるでしょう。仮にトラッキングを禁止する場合，ビジネスの観点からは何らかの方法で広告配信への影響を小さくする必要がありそうです。

2 ITPと具体的なトラッキング規制の考え方

　Appleの方針はシンプルで，第三者に自社（ファーストパーティ）のウェブサイトやアプリのユーザーの行動が知れわたること，言い換えれば，ウェブサイトやアプリをまたいだトラッキングを行うことを規制するというものです。そのためにOSやブラウザに対して様々な実装を施してきました。一方で自社（ファーストパーティ）の行動分析は認めるとはしていますが，後述するように自社サイトの訪問者のトラッキングも1週間までしかできないよう，個人の単位で行動をトラッキングすることは基本的に好ましくないとする方針のようです。

　Apple/iOSの動きを見ると，Cookieに限らず様々なところでトラッキングを防止する（事前同意を必要とする）ロジックを入れてきています。Safariにおけるトラッキング防止機構をITP（Intelligent Tracking Prevention）といいます。前節の**第1**でトラッキング技術の本質が，識別子の「参照」「保存」「引き渡し」にあることを説明しましたが，このITPではこれらのうちいずれかをブロックするロジックを入れてきているという点で参考になります。重要な点を見ていきましょう。

　まずITPの対象は，iOS内のすべてのブラウザです。Safariに限らず，iOSにインストールされたChromeやアプリ内ブラウザでも適用される点に留意が必要です。

　Safariのレンダリングエンジン（ブラウザの中心に当たる機能）はWebKitというオープンソースになっており，これをAppleが中心となって開発しています。ソースコードが公開されていますので，興味のある人ならソースコードを読んで仕様を把握することもできます。調査する際も「Safari」ではなく「WebKit」で検索するといろいろな情報を得ることができますが，それらはSafariの挙動を指すものです。EU域内を除き[1]iOSではSafari以外のブラウザでもWebKitをレンダリングエンジンとして採用する必要があり（WKWebView），

そのためSafari以外のすべてのブラウザでもITPが適用されるのです。

(1) サードパーティCookieとリファラの扱い

　まずデフォルトの設定としてすべてのサードパーティCookieがブロックされます。これは識別子を引き渡し可能な場所には保存できないようにしているという意味があります。設定でユーザーが許可したときだけ有効になります。すでに実装されているため，現時点でiOSではすでにサードパーティCookieがブロックされている，サードパーティCookieに依存したデータは取得できなくなっている点は覚えておくとよいでしょう。

　サイト外からの遷移の場合，リファラ[2]の値はドメイン[3]の粒度にまとめられます。URLのパスやクエリ文字列は削除され，どこのドメインから遷移してきたかしかわかりません。従来はサイト外に遷移するとき，リファラのURLのクエリ文字列などの部分に個人の識別子や様々な属性を付けて遷移先サーバにデータを引き渡すことが行われていたこともありましたが，それがブロックされます。識別子の引き渡しをできないようにする制限です。

(2) トラッカー認定

　WebKitではウェブサイトの閲覧履歴に基づいたロジックによって，各ドメインがトラッキング機能を有するドメインかどうかを判定します（トラッカー認定する）。複数のウェブサイトからスクリプトや画像，iframeとして読み込まれるドメインや，リダイレクト中に出現するドメインはトラッカー認定されやすい傾向にあります。

　具体的には次ページの図をご参照ください。

1　EUではデジタル市場法の影響でこの強制の対象外となっています。
2　ブラウザがサーバに送信する変数の1つで，そのページに遷移した際の遷移元のURLを意味します。
3　より正確には，eTLD+1

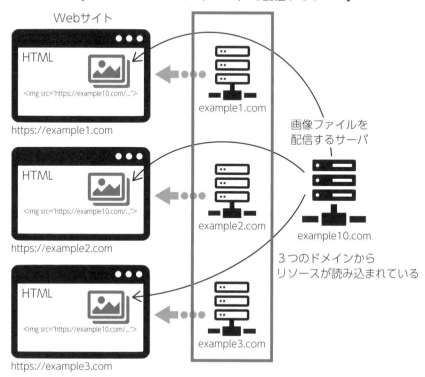

【ページドキュメント（HTML）を配信するサーバ】

Webサイト

HTML

<img src="https://example10.com/...">

https://example1.com

example1.com

画像ファイルを
配信するサーバ

HTML

<img src="https://example10.com/...">

https://example2.com

example2.com

example10.com

HTML

<img src="https://example10.com/...">

https://example3.com

example3.com

3つのドメインから
リソースが読み込まれている

　ウェブサイト（https://example1.com, https://example2.com, https://example3.com）があり，それぞれHTMLソースの中に<img src="https://example10.com/...">や<script src="https://example10.com/...">でhttps://example10.comにある画像やスクリプトが読み込まれているケースです。この場合，WebKitでは「https://example1.comとhttps://example2.comとhttps://example3.comから https://example10.comのリソースが読み込まれている」，つまり「https://example10.comのリソースが3つのドメインから読み込まれている」と認識されます。WebKitはこの3という数字に着目します。なぜならば，この値が大きいことは，https://example10.comが様々なウェブサイトから閲覧履歴を収集すること，すなわち，トラッカーとしての能力を持つこと

を意味するからです。

　WebKitはこのような仕組みでトラッカー認定を行いますが，この認定の判断を機械学習（デバイス上の知能）に基づいて行うことから，ITPのI，つまり“Intelligent”と呼ばれるゆえんになっています。

　ドメインがひとたびブラウザによってトラッカー認定されると，いろいろな制限を受けることになります。

・トラッカー認定されたドメインにリダイレクトしたドメインもトラッカー認定される
・トラッカー認定されたドメインから前節で説明したクリックIDが付いたURLで遷移してきた場合，JavaScriptで生成されたCookieの有効期限が24時間になる
・キャッシュが無効化されやすくなる

などですが，トラッカーとして実装した意図がなくてもこの判定を受ければトラッカー扱いになるので，複数のドメインが出現することの多い大規模サイトの運営者はこれらのことを把握しておく必要があるでしょう。

⑶　Cookieの有効期限

　JavaScriptの処理によって保存されたCookie[4]や，前節で説明したCookie以外のストレージの有効期限の上限が7日に制限されます。最後のアクセスから7日経過するとCookie値は削除されます。ファーストパーティCookieはもちろん，仮にユーザーがブラウザ設定によりサードパーティCookieを有効化していた場合，サードパーティCookieの有効期限としてもこれが適用されます。

　これによってGoogleアナリティクスなどのアクセス解析ツールのCookieが

4　有効期限の制限はJavaScriptで生成されるCookieのみが対象であり，ウェブサーバがHTTPレスポンスヘッダでセットしたCookieにはこの制限は適用されません。一般にCookieはファーストパーティ／サードパーティを問わず，JavaScriptから生成する方法とウェブサーバからの応答通信内のHTTPヘッダ（Set-Cookie）経由で生成する方法があります。

制限され，識別子が7日で削除されることになります。チャットなどのウェブ接客ツール，ABテストツールのCookieも影響を受けます。またJavaScriptで何らかの値を保存したいケースは行動のトラッキング以外でも多くあります。例えば不動産サイトなどでJavaScriptウィジェットを使用してお気に入り物件を保存して，再訪問時にその物件を簡単に参照できるようにする用途などもその1つです。トラッキング以外のCookie利用も大幅に制限する仕様となっているため，すべてのウェブサイトの運営者が知っておかなければならない仕様です。

　なお前述しましたが，トラッカー認定されたドメインからクリックIDなどの個人を識別するパラメータが付いたURLで遷移してきた場合，その流入ページにおいてはJavaScriptで生成されたCookieの有効期限はもっと制限のきつい24時間になります。

　ITPではこのようにいろいろな条件でCookieの保存，識別子の保持を防ぐ機構があります。また，ITPとは別の制限ですが，iOSのメールアプリ（Mail）ではHTMLメールにおける外部参照のピクセルは読み込まれないようになっています。つまり，Eメールに対するウェブビーコンは読み込まれません。

【コラム②】ITPの回避手法とAppleによる対策

■サーバ生成Cookieを使った回避方法

　JavaScriptで生成・処理した値をCookieに書き込みたい場合，直接JavaScriptがCookieに値を書き込むと有効期限が上限7日間に制限されてしまいます。そこでJavaScriptが一度サーバにその値を渡して，サーバがHTTP通信の中でCookieに書き込む（サーバ生成Cookie）方法があります。そのCookie書き込み用のサーバがウェブサイトと同じ親ドメインのサブドメインであれば，サーバ生成ファーストパーティCookieということになり，有効期限が7日に制限されることがなくなります（サーバ生成であっても異なるドメインだとサードパーティCookieとなり，無効化されます）。例えばウェブサーバのドメインが

「www.example.com」だったときに，「c.example.com」は同じ親ドメイン「example.com」のサブドメイン同士になります。つまりこの「c.example.com」というドメイン名をCookie書き込みサーバに割り振ればいいのです。

　しかし，この回避策を多くのサイト運営者やツールベンダーが用いた結果，このトラッキング方法にも制限が設けられることになります。

■CNAMEクローキング対策，今後のファーストパーティCookie規制

　ファーストパーティCookieの７日間制限の回避策としてCookie書き込み用のサーバを用意し，そのサーバにウェブサイトと同じ親ドメインのサブドメインを割り当てる方法を説明しましたが，このときのDNS設定でCNAMEレコードを使う方法が当初流行りました。

　Cookie書き込み用サーバはトラッカーの運営者が所有するもので，そこにはトラッカー運営者が自身の所有するドメイン名（例：c.tracker.com）を割り当てているとします。そこにウェブサイト運営者側のドメイン「example.com」のDNSで，CNAMEレコードを使って自社ドメイン（c.example.com）を「c.tracker.com」に別名として設定することで，「c.example.com」をCookie書き込み用サーバのドメインとして使用することができます。

　この方法は自社ドメインでトラッカーのドメインを覆い隠すということでCNAMEクローキングと呼ばれ，最初に封じられました。この方法で生成されたファーストパーティCookieの有効期限も上限が７日間になります。Cookieを書き込むサーバのドメインの所有者がサイトの所有者と同じなのか，第三者が所有するドメインではないのかを検証して，第三者が所有するものであればサーバ生成Cookieであっても有効期限７日間に制限するというわけです。

　これもウェブサイト運営者側（example.com）のDNSのＡレコードを使って「c.example.com」に直接Cookie書き込み用サーバのIPアドレスを指定する方法で回避できるので，それが多用されるようになりました。しかしこの回避方法もブロックされるようになりました。

　この方法では，Cookie書き込み用サーバが存在するネットワーク（トラッカー運営者のネットワーク）が，ウェブサイトの存在するネットワークと物理的に離れることになります。そこでCookieを生成するサーバがウェブサイトの

> サーバと近いネットワーク，具体的にはIPv4の場合は同一16ビットサブネット
> マスクネットワーク，IPv6の場合は同一32ビットサブネットマスクネットワー
> ク内に存在しないと，Cookieの有効期限が7日間に制限されるようになりまし
> た。現時点ではかなり強い制限であり，回避方法が見出されていません。

3 Google Chromeにおけるプライバシー対策の実装

　Google Chromeは2024年後半にサードパーティCookieを廃止する予定です。
現時点ですでに，すべてのCookieの有効期限の上限が400日に制限されていま
す。WebKitより長いですが，Chromeでも上限があります。サーバやスクリ
プトからより長い期間で設定したのに，有効期限が変更されるケースがあるの
はこれによるものです。

　また別ドメインから遷移したとき（厳密には遷移元と遷移先でプロトコル，
ドメイン名，ポート番号のいずれかが異なる場合）のリファラはドメイン単位
に削減されています。これはデフォルトの挙動であって，遷移元サイトのサー
バの設定（HTTPレスポンスヘッダ）またはHTMLによってreferrer-policyを
書き換えることで，遷移先サイトで取得できるリファラ値をもっと細かいもの
に変更することが可能です。

　ユーザーエージェントの文字列が削減され，OSのバージョン，ブラウザの
マイナーバージョン，端末情報がわからなくなっています。

　英語にはなりますが，最新のWebブラウザのトラッキング規制状況がわか
るウェブサイト（https://www.cookiestatus.com/）があります。Chrome
やSafariに限らずFirefoxなどの仕様も一覧で比較できるようになっているので
大変便利です。

4 サードパーティCookie廃止後の代替技術

サードパーティCookieが廃止されることでサードパーティCookieのプライバシーを脅かすという負の側面は排除されます。一方でサードパーティCookieにより実現されていた有用な機能も利用できなくなってしまいます。この有用な機能を，プライバシーを保護した形で実現する試みが各ブラウザで実装されています。

(1) Appleの方針

ITPによってサードパーティCookieが無効化されると広告の行動ターゲティングができなくなりますが，それについてAppleが特にフォローする動きはないようです。

またサードパーティCookieが無効化されたり，広告媒体サイトからの流入時にCookieの有効期限が著しく短くなったりすると，広告のコンバージョン計測ができなくなりますが，こちらについては広告配信の成果のカウントを個人の行動がわからない形で許容しています。

広告が表示されているウェブサイトのHTMLと広告の成果が発生するウェブサイト（自社）のHTMLのサーバ両方に細工をすることで，キャンペーン×成果地点ごとに集計されたレポートが送られてくるようになります。集計されているので，個人を特定できません。これをPrivate Click Measurementといいます。ウェブサイト／Safariだけでなく，iOSのアプリでも類似の実装（SKAdNetwork）が用意されています。

(2) Googleの方針

ユーザーの同意なきトラッキングが悪であって，広告配信は必要，そのための技術はサポートするという姿勢が感じられます。広告配信のための機能としてはこれまで触れてきたターゲティングや効果測定に加え，不正対策などがあ

ります。これらのためにサードパーティCookieが担ってきた役割を，プライバシーを保護した形で実現するAPIの開発を進めてきました。

これまではGoogleをはじめとするアドテク事業者が，サードパーティCookieに記録された識別子とともにユーザーの行動履歴を受け取り，配信の制御を行っていました。つまりアドテク事業者のサーバで集中管理をしていたわけです。その過程でアドテク事業者が個人のウェブサイトをまたいだ行動履歴を取得する（トラッキングする）ため，プライバシー上の懸念が指摘されるようになりました。

そこでサーバが個人の行動履歴を受け取らない形で広告配信に必要な機能を実現する，具体的にはこれまでサーバが行ってきた処理の一部をブラウザに任せ，ブラウザからは履歴情報そのものを送らないようにしつつ，それでもターゲティングや効果測定，不正対策を実現するという取組みを行っています。これらの取組みを総称してプライバシーサンドボックス（Privacy Sandbox）といいます。

オンラインのプライバシーの保護をどう強化しているか―プライバシーサンドボックス
https://privacysandbox.com/intl/ja_jp/open-web/

以下では，プライバシーサンドボックスの技術について，代表的なものを具体的に紹介します。なお，プライバシーサンドボックスの内容は今後変更される可能性があります。

ア　Private State Tokens API

人間によるものでない，ボットによる不正な広告表示とそれに伴う報酬の発生（アドフラウド）を防ぐための技術です。メディアサイトでは，ボットからのアクセスに対して広告を表示させたくありません。以前は，人間である

（ボットではない）という情報を共有するためにサードパーティCookieが使われてきたのですが，今後はPrivate State Tokenというものが使われます。Private State Tokens APIの簡単な仕組みは以下のとおりです。

ユーザーがどこかのサイトでreCAPTCHAなどの人間でないとできない行動をすると，人間である（ボットでない）という情報（これをPrivate State Tokenという）が発行されてブラウザに保持されます。そして別のサイトで広告を表示する時に，個人を識別する情報を含めずに人間であるという情報だけがやりとりされます。同時に広告媒体サイトはその情報が真であることを，トークンを発行したサイトとの間でも検証します。それらが照合されると広告が表示されます。

イ　ターゲティング（関連性の高い広告の表示）

インタレストベースの広告では，サーバに送られたサードパーティCookieベースのIDごとのウェブ閲覧履歴に基づいてサーバでIDのクラスタリングを行い，類似の興味を持つ人というセグメントに分類していました。今後はサーバに閲覧履歴を送らず，ブラウザ内でサイト訪問履歴に基づいて興味ごとのセグメント（これをトピックといいます）に分類が行われます。それはあらかじめ意味の定められたセグメント[5]で，センシティブなトピックは含まれません。そして広告を表示する時にトピックの情報だけがサーバに送られ，そのトピックに適した広告が表示されます。この仕組みをTopicsといいます。

Topicsはあらかじめブラウザ側で定められたインタレストの分類ですが，広告主やサイト運営者など，広告配信に関わるプレイヤーが任意に定めた分類を適用するのがProtected Audience APIという仕組みです。サイト訪問者のリマーケティングリストを作ってそこに広告を配信する用途などに使われます。

リマーケティング広告（リターゲティング広告）では従来はブラウザからCookieベースのIDと閲覧履歴をサーバに送り，サーバで閲覧したURLなどを

5　当初の分類は下記のURLで提案されていますが，今後変更される可能性があります。
https://github.com/patcg-individual-drafts/topics/blob/main/taxonomy_v1.md

指定して広告を配信する対象のIDのリストを作っていました。Protected Audience APIではIDと履歴をやりとりするのを廃止し，インタレストグループという単位でやりとりをします。

インタレストグループとは，リマーケティングリストのような共通の興味関心を持つユーザーのグループです。様々な立場の事業者（インタレストグループのオーナー）がそれぞれの目的で任意に作ることができます。広告主がグループを作るケース，例えば通販サイトの場合，自社サイト上でどんな商品を見た人なのかという単位でグループを作ります。典型的なリマーケティングリストです。また，パブリッシャーがグループを作るケースもあります。例えばニュースサイトの場合，どんな記事を見ている人なのかという単位でグループを作れます。パブリッシャーのファーストパーティデータを使って広告主サイトの訪問者に合った広告を表示できますし，特定のプレミアムなセグメントを作ることもできます。さらに，アドテク事業者がグループを作るケースもあります。例えばDSPの場合，どんな製品カテゴリに興味を持つ人たちなのかという単位でグループを作れます。特定の製品カテゴリ市場にいるとDSP事業者が推定した人たちのグループを作り，そのカテゴリの製品を売るための広告で使われることがあります。

ユーザーがウェブサイトを訪問すると，サイトに設置されたタグによって，ブラウザ内で各ユーザーを，個人を特定できないある程度の人数を持つインタレストグループに分類します。このインタレストグループが従来のオーディエンスリストと同じ役割を果たすのですが，リストの生成がサーバでなくブラウザで行われるところに特徴があります。そしてそのグループ単位で広告のオークションが行われますが，このオークションもブラウザ内で行われます。

このように従来サーバで行っていた多くの処理をブラウザ内で実現することで，IDや行動履歴をブラウザからサーバに送らないで済むようになるのです。

ウ　Attribution Reporting API（効果測定）

従来コンバージョン計測はCookieを使ってIDごとの行動履歴の一部として

コンバージョンが記録されていました。Attribution Reporting APIでは履歴を取らずに，どの広告クリックまたは広告ビューがどのコンバージョンに結びついたのかだけをレポートします（イベントレベルレポート）。履歴ではないので，いつコンバージョンしたかはわかりません。個人の特定ができないよう，ランダムなデータが加えられることがあります。一方で，キャンペーン，日付，購入商品など詳細な属性の単位で集計されたレポートも利用可能です（概要レポート）。ただし，集計されているのでクリック単位で紐づく情報は得られません。また，ノイズが加えられることがあります。Attribution Reporting APIでは，粒度は細かいが情報の乏しいレポートと，粒度は粗いが情報のリッチなレポートの2種類を取得できます。

第3章

日本におけるCookie関連規制とCookieポリシーの策定

第1 日本におけるCookie関連規制と必要な対応

1 総 論

　Cookieポリシーを策定するためには，Cookieに関連する規制について知っておく必要があります。そこで，Cookieポリシーの策定方法について説明する前提として，ここでは，Cookieおよびその類似技術に関する規制と必要な対応を説明します。

　Cookieに法律上の定義は存在しません。また，Cookieの使用自体を規制する法律は存在しません。しかしながら，Cookieやその関連技術を利用することが，様々な観点から，法律による規制の対象となることがあります。

　例えば，個人情報保護法は，個人情報の適正な取扱いを図る観点から，Cookie情報が個人情報に該当する場合や，Cookie情報が個人情報に該当しないとしても，提供先において個人データとして取得することが想定される場合に，一定の規制を行っています。

　また，電気通信事業法は，利用者が安心して利用できる電気通信役務の提供を通じ，電気通信役務の信頼性を確保する観点から，電気通信事業を営む者が利用者に対して電気通信役務を提供する際に，利用者の意思によらずに，その利用者が使用する端末に記録された利用者に関する情報を外部の第三者などに送信させる際には，利用者に確認の機会を適切な方法で与える規律が必要であるとして，一定の事項の表示などを求めています。

　そして，法律の他にも，Cookieやその関連技術の利用が盛んな業界においては，各種業界のガイドラインにおいて規制が定められていたり，自主規制がなされていたりする例も見られます。また，アプリなどについては，プラットフォーマーが規約やポリシーにより独自の制限を課している場合もあります。

　これらの法律，ガイドラインなどについては，自身がこれらの適用対象とし

て遵守が求められているのか，あるいは，適用対象ではないとしても，その趣旨に照らして遵守が望ましいのか，そして，遵守すべき内容はどのようなものなのかを把握し，整理しておくことが重要です。

これらの点について，以下で解説します。

なお，Cookieについては，ブラウザ上そもそも使用が制限されるなど，技術的な制約が課される場合もあります。本書執筆時点での実例については，**第1章**および**第2章**を参照してください。

2 個人情報保護法

(1) 個人情報保護法の概要

個人情報保護法は，個人情報を取り扱う事業者が遵守すべき義務などを定めることにより，個人情報の有用性に配慮しつつ，個人の権利利益を保護することを目的とする法律です[1]。直近では，令和2年および令和3年にそれぞれ改正がありました。

(2) 「個人情報」「個人関連情報」

個人情報保護法の規律については，本書の姉妹書である『プライバシーポリシー作成のポイント』159頁以下をご参照ください。ここでは，重要なポイントに限って説明します。

Cookieに関連する個人情報保護法上の概念として，「個人情報」「個人関連情報」があります。

個人情報とは，生存する個人に関する情報であって，①当該情報に含まれる氏名，生年月日その他の記述等[2]により特定の個人を識別することができるも

1　個人情報保護法1条
2　文書，図画もしくは電磁的記録（電磁的方式（電子的方式，磁気的方式その他人の知覚によっては認識することができない方式をいいます）で作られる記録をいいます）に記載され，もしくは記録され，または音声，動作その他の方法を用いて表された一切の事項（個人識別符号を除きます）をいいます。

の（他の情報と容易に照合することができ，それにより特定の個人を識別することができることとなるものを含みます），または，②個人識別符号が含まれるものをいいます[3]。

一方，個人関連情報とは，生存する個人に関する情報であって，個人情報，仮名加工情報および匿名加工情報のいずれにも該当しないものをいいます[4]。

(3) Cookie情報の「個人情報」「個人関連情報」該当性

Cookieまたはその類似技術により取得する情報（以下「Cookie情報」といいます）は，それ単体では特定の個人を識別することができるものではなく，また，個人識別符号を含むものでもないため，個人情報に該当しないことが多いと考えられます。ただし，Cookie情報をアカウント登録の際に取得したユーザーの氏名等の情報と紐づけて管理している場合など，他の情報と容易に照合することができ，それにより特定の個人を識別することができる場合には，Cookie情報は，個人情報に該当します。

また，Cookie情報が個人情報に該当しないとしても，それが生存する個人に関する情報である限り，個人関連情報に該当します。

(4) 個人情報および個人関連情報に関する規制

個人情報の取扱いには種々のルールがあります。例えば，個人情報の利用目的を特定し[5]，個人情報の取得に際して利用目的を本人に通知または公表しなければならないこと[6]や，個人データ[7]を第三者に提供する際に原則として本人の同意を取得しなければならないこと[8]には留意が必要です。

3　個人情報保護法2条1項
4　個人情報保護法2条7項
5　個人情報保護法17条1項
6　個人情報保護法21条1項
7　個人情報を含む情報の集合物であって，特定の個人情報を電子計算機を用いて検索することができるように体系的に構成したものその他特定の個人情報を容易に検索することができるように体系的に構成したものとして政令で定めるもの（個人情報データベース等）を構成する個人情報をいいます（個人情報保護法16条1項・3項）。
8　個人情報保護法27条1項

個人関連情報については，個人情報保護法上，その提供に関してのみ，一定のルールがあります。個人関連情報を提供する場合，提供先の第三者が個人関連情報[9]を個人データとして取得することが想定されるときは，提供元の事業者は，原則として，あらかじめ本人の同意[10]が得られていることを確認し[11]，当該確認等に係る事項を記録しなければなりません[12]。

　ここでいう「個人関連情報を個人データとして取得する」とは，提供先の第三者において，個人データに個人関連情報を付加する等，個人データとして利用しようとする場合をいい，また，「想定される」とは，提供先の第三者が「個人データとして取得する」ことを提供元が現に想定している場合，または一般人の認識を基準として「個人データとして取得する」ことを通常想定できる場合をいいます[13]。なお，契約等において，提供先の第三者において，提供を受けた個人関連情報を個人データとして利用しない旨が定められている場合には，通常，「個人データとして取得する」ことが想定されず，個人関連情報の第三者提供に関する規制は適用されません[14]。

　したがって，個人関連情報であるCookie情報を第三者に提供する場合，当該第三者が当該Cookie情報を個人情報として取り扱うことが想定されるときは，提供元の事業者は，上記の確認・記録義務を負うことになります。このような義務を負うことを避けるためには，契約等において，提供先の第三者において，提供を受けた個人関連情報を個人データとして利用しない旨が定められているかどうかを確認することが有用です。

9　個人関連情報を含む情報の集合物であって，特定の個人関連情報を電子計算機を用いて検索することができるように体系的に構成したものその他特定の個人関連情報を容易に検索することができるように体系的に構成したものとして政令で定めるもの（個人関連情報データベース等）を構成するものに限ります（個人情報保護法16条7項，31条1項）。
10　原則として，提供先の第三者が同意を取得する必要がありますが，提供元がこれを代行することも認められます（通則ガイドライン3-7-2-2）。
11　個人情報保護法31条1項
12　個人情報保護法31条3項，30条3項
13　通則ガイドライン3-7-1-2
14　通則ガイドライン3-7-1-3

⑸ 直接取得（タグによる取得）

　以上のとおり，個人情報に該当するCookie情報はもちろん，個人関連情報にすぎないCookie情報についても，一定の場合には，第三者提供に関する規制が適用されます。したがって，Cookie情報が「提供」されているのか，という点を法的に整理する必要があります。しかし，Cookieを利用する場合に，それがCookie情報の「提供」を伴うものであるのか，「提供」を伴うとして，誰から誰に対して「提供」されているかを判断するのは必ずしも容易ではありません。

　Cookieの技術的な仕組みについては，**第1章第1**を参照してください。Cookieは，ウェブサイトのドメインと同じドメインを持つファーストパーティCookieと，それ以外のドメインを持つサードパーティCookieがあります。この仕組みにより，ウェブサイト運営者以外も，ウェブサイトの一部分に，いわゆる「タグ」や「ウェブビーコン」と呼ばれるプログラムコードを埋め込むことにより[15]，サードパーティCookieを発行し，Cookie情報を取得することができます。

　例えば，A社が自身のウェブサイトを運営しており，そのウェブサイトにB社が発行するタグが設置されているとします。この場合，ユーザーがA社サイトを訪問した際に，B社タグから発行されるCookie（サードパーティCookie）は，B社のドメインと直接通信します。そのため，Cookie情報は，利用者の端末から直接B社のサーバに送信されることになります。この場合に，Cookie情報の「提供」の有無はどのように整理されるでしょうか。

　まず，個人情報保護委員会は，A社がB社タグにより収集されるCookie情報を取り扱っていないのであれば，A社がB社にCookie情報を「提供」したことにはならず，B社が直接，ユーザーからCookie情報を取得することになるという見解を示しています[16]。この場合，A社には，上記⑷で述べたような個人データおよび個人関連情報の「提供」に関する規制は課されません。なお

15　タグやビーコンを埋め込む作業は，ウェブサイト運営者側で行う必要があります。
16　ガイドラインQ&A Q8-10

Cookie情報がB社にとって個人情報である場合には，B社において個人情報を適正に取得する義務[17]などの義務が生じます。不適正取得の問題は，(6)で詳説します。

　他方で，個人情報保護委員会の見解に従うと，A社がCookie情報を取り扱っている場合，B社タグから取得されたCookie情報についても，A社がCookie情報の取得主体となり，A社が取得したCookie情報をB社に対して「提供」しているという整理になります。この場合，上記(4)のとおり，A社は，A社にとってCookie情報が個人データに該当する場合には個人データの「提供」に関する規制を，個人関連情報に該当する場合には個人関連情報の「提供」に関する規制を，それぞれ遵守する必要があります。

　このように，どの事業者がCookie情報を取得するか，およびCookie情報の「提供」が生じるかは，ケースバイケースで異なるものであり，判断が難しい場合もあります。関与する当事者（上記の例のA社とB社）の間で認識を一致させ，各自が果たすべき義務を明確にしておくことにより，Cookie情報の不適正な取得や，「提供」に関する規制への違反が起きないようにすることが重要です[18]。

(6)　不適正取得の問題

　Cookieによる情報の取得については，本人の予測がつきづらいことを踏まえ，不適正取得[19]にならないかという観点からさらなる留意が必要です。不適正取得の一例として，個人情報を取得する主体や利用目的等について，意図的に虚偽の情報を示して，本人から個人情報を取得する場合が挙げられます。この点，Cookieによる情報の取得は，端末から自動的に情報を取得するものであり，特に，サードパーティCookieを利用した場合には，ウェブサイト運営者ではない者によって情報が取得されるため，単にウェブサイトを閲覧しているだ

17　個人情報保護法20条1項
18　JIAA「UG-5：タグを通じて他社が直接取得することについての考え方」（令和4年11月1日）（https://www.jiaa.org/wp-content/uploads/2022/11/UG-5_guidance.pdf）参照。
19　個人情報保護法20条1項

けのユーザーからすると，誰にどのような情報を取得されているのかということがわかりづらくなっていますので，不適正取得に該当しないように留意が必要です。

　この問題に対しては，個人情報保護委員会がソーシャルネットワーキングサービス（SNS）の「ボタン」などを介したCookie情報の収集に関してSNS事業者に行った行政指導などが参考になります。一部のウェブサイトでは，ユーザーが当該ウェブサイトの情報をSNS上で他者に簡単に共有できるように，SNSの「ボタン」が設置されています。当該「ボタン」などを押して当該SNSを利用した場合，当該SNS事業者によりCookie情報が収集されることはある程度想定できます。もっとも，当該SNSにログインした状態で当該SNSの「ボタン」などが設置されたウェブサイトを閲覧しただけで（当該「ボタン」などを押さなくとも），当該ウェブサイトから当該SNSに対し，ユーザーIDやアクセスしているウェブサイトなどの情報が自動で送信されていることがあります。個人情報保護委員会はこのような「ボタン」を介した個人情報の収集について，SNS事業者への行政指導の中で，ユーザーへのわかりやすい説明の徹底等を行うべきものと指摘しました。

　この指摘の趣旨は，サードパーティCookieを利用した個人情報の収集全般にも当てはまるように思われます。

　サードパーティCookieを利用し，Cookie情報を個人情報として取得する（上記(3)参照）事業者は，Cookie情報を取得していることおよびその利用目的を自社のホームページ上で公表するなどして，個人情報の適正な取得[20]および利用目的の通知・公表[21]に関する規制を遵守する必要があります。

　加えて，ウェブサイト運営者も，ウェブサイト上でサードパーティCookieによる情報収集を許容する場合には，第三者に情報が送信されていることおよび送信されている情報の範囲などをプライバシーポリシーなどにおいてわかりや

20　個人情報保護法20条1項
21　個人情報保護法21条1項

すく明示する対応を行うことが望ましいといえます[22]。

3 電気通信事業法

(1) 電気通信事業法の概要

　電気通信事業法は，公共性のある電気通信事業の運営を適正かつ合理的なものとすることなどを目的とした法律です。令和5年6月16日に施行された改正電気通信事業法では，新たに「外部送信規律」が導入されましたが，この規律はCookieなどを用いたユーザー端末からの情報収集に広く適用されうるものです。電気通信事業法の多くの規定は，これまで電気通信事業者（総務省に登録か届出のいずれかを行っている事業者）が対象とされていましたが，外部送信規律は，電気通信事業者ではない者（登録や届出を行っていない「電気通信事業を営む者」にすぎない場合であっても）にも適用されるため，Cookieを利用する事業者においては注意が必要です。本項では，Cookieポリシーの作成のために必要な限度で，外部送信規律を中心に電気通信事業法を解説します。

(2) 外部送信規律

ア 外部送信規律の概要

　外部送信規律とは，電気通信事業法27条の12に規定される規律をいいます。対象となる場面は，ブラウザやアプリケーションを通じて電気通信役務を提供する事業者が，ユーザーの端末に対して，当該端末に記録された利用者に関する情報を外部に送信するようプログラムなどを使って指令する場合です。この場合，当該指令に従って送信されることとなるユーザーに関する情報の内容や送信先について，当該ユーザーに確認の機会を付与する義務が事業者に課され

22　個人情報保護委員会「SNSの『ボタン』等の設置に係る留意事項」（平成30年3月13日）（https://www.ppc.go.jp/news/careful_information/sns_button/）参照。

ます[23]。外部送信規律はCookie規制と呼ばれることもありますが，Cookieの利用の有無にかかわらず，ユーザーの端末から情報を「外部送信」させる場合に広く適用されうる規律ですので留意が必要です。

　外部送信とは，ユーザーのパソコンやスマートフォンなどの端末に記録された当該ユーザーに関する情報を，当該ユーザー以外の者の電気通信設備（ウェブサーバなど）に送信することをいいます[24]。外部送信規律のイメージについては，以下の【外部送信フローのイメージ図】をご参照ください。端末内のCookieに保存されたユーザーに関する情報がサーバに送信される場合や，アプリ内の情報収集モジュールによって外部のサーバにユーザーに関する情報が送信される場合などが挙げられます。

【外部送信フローのイメージ図】

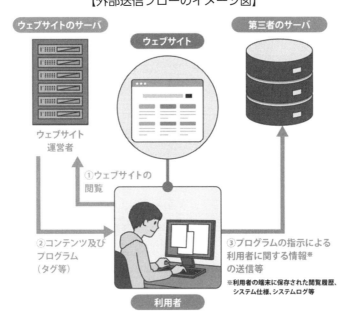

23　外部送信規律FAQ問1-1
24　外部送信規律FAQ問1-2

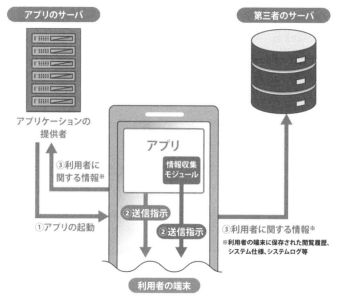

（出所）総務省「外部送信規律」[25]

　このように，外部送信規律は，ユーザーの端末から外部に情報を送信するようプログラムなどを使って利用者の端末に指令する行為全般を規制するもので，典型的な規制対象としてはCookieを利用した情報の外部送信が挙げられますが，Cookieを利用していなかったとしても，このような外部送信を行っている限り，外部送信規律の対象となります[26]。

イ　外部送信規律の適用を受ける事業者の範囲

　外部送信規律の適用を受ける事業者は，「電気通信事業を営む」者のうち，総務省令で定める電気通信役務（この役務を以下では「対象役務」と呼びます）を提供する者とされています[27]。

25　https://www.soumu.go.jp/main_sosiki/joho_tsusin/d_syohi/gaibusoushin_kiritsu.html
26　外部送信規律FAQ問1-7
27　電気通信事業法27条の12

「電気通信事業を営む」とは，電気通信役務を利用者[28]に反復継続して提供して，電気通信事業自体で利益を上げようとすること，すなわち収益事業を行うことを意味します[29]。ウェブサイトやアプリの運営などオンラインサービスは基本的に該当しますが，事業者が自社の概要や商品・サービスについて周知・宣伝するためにホームページを開設するもの（コーポレートサイト）や，事業者が自社の商品を販売するための手段としてウェブサイトを開設するもの（自社ECサイト）については，該当しません（もっとも，オウンドメディアは，これに該当する可能性があるので，留意が必要です）。詳細は後記の「【コラム③】電気通信事業とは」を参照してください。

　次に，総務省令では，ブラウザまたはアプリケーションにより提供されるサービスであって，以下に該当するものが対象役務として定められています[30]。

【対象役務の概要】

類型	想定されるサービス
(ｱ)　通信媒介型	メールサービス，ダイレクトメッセージサービス，クローズドチャットアプリ，参加者を限定した会議が可能なウェブ会議システム，クローズドチャット機能を含んだアプリやウェブサービスなど
(ｲ)　情報配信型	SNS，電子掲示板，動画共有サービス，オンラインショッピングモール，シェアリングサービス，マッチングサービス，ライブストリーミングサービス，オンラインゲームなど
(ｳ)　情報検索型	オンライン検索サービス

28　以下では電気通信事業法の用語に従い，サービスの提供を受ける者を「利用者」と表記します（電気通信事業法2条7号ロ参照）。
29　参入マニュアル4頁
30　電気通信事業法施行規則22条の2の27，外部送信規律FAQ問1-9，電通分野ガイドライン解説7-1-2

(エ)　コンテンツ発信型	ニュースや気象情報などの配信を行うウェブサイトやアプリケーション，動画配信サービス，オンライン地図サービス，特定分野に限定したオンライン検索サービス，オウンドメディアなど	

(ア)　通信媒介型

　他人の通信を媒介するサービスが対象となります。他人の通信を媒介するサービスであるかどうかは，他人の依頼を受けて，情報をその内容を変更することなく伝送・交換し，隔地者間の通信を取次，または仲介してそれを完成させるサービスであるかにより判断されます[31]。

　他人の通信を媒介するサービスに該当するかどうかについては個別的な判断が必要ですが，例えばクローズドチャット，オンライン会議ツールなどは他人の通信を媒介するサービスとされ，オンラインで各種情報を提供するサービス，オンラインでのソフトウェア提供サービス（ASPサービス）などは他人の通信を媒介するサービスではないと考えられています[32]。

(イ)　情報配信型

　利用者から受信した情報を，不特定の利用者が受信（閲覧）できるようにするサービスが対象となります。ここでいう「不特定の利用者」には，アカウント登録や利用料の支払をすれば誰でも受信（閲覧）できる場合も含まれます。情報配信型は，さらに，記録配信型と即時配信型に分かれます。

31　参入マニュアル14頁
32　参入マニュアル16頁以下

【情報配信型対象役務の概要】

類型	内容	具体例
記録配信型	利用者から受信した情報を，電気通信事業者の電気通信設備（ウェブサーバなど）の記録媒体（ハードディスクなど）において記録して蓄積しておき，不特定の利用者の求めに応じて送信するサービス	SNS，電子掲示板，動画共有サービス，オンラインショッピングモール，シェアリングサービス，マッチングサービスなど
即時配信型	利用者から受信した情報を，電気通信事業者の送信装置（ストリーミングサーバなど）から即時に（リアルタイムで）不特定の利用者の求めに応じて送信するサービス	ライブストリーミングサービス，オンラインゲームなど

⑦ **情報検索型**

　Google検索などのオンライン検索サービスが該当します。特定のウェブサイト内のみを対象としたサイト内検索などのサービスは対象にならないため，通常の事業者が情報検索型の対象役務を実施することはあまり考えられません。

㈎ **コンテンツ発信型**

　不特定の利用者の求めに応じて情報を送信し，情報の閲覧に供する，各種情報のオンライン提供サービスが対象となります。

　例えば，ニュースや気象情報などの配信を行うウェブサイトやアプリケーションなどが該当します。自己の情報発信のためのホームページを運営することや，自社の商品をECサイトで販売しているような場合は電気通信事業に該当しないことは述べたとおりですが，いわゆるオウンドメディアのように，同時にこれとは独立したオンライン情報提供サービスを行っている場合にはコン

テンツ発信型に該当する可能性があるため留意が必要です（実務上よく問題となります）。

【コラム③】 電気通信事業とは

電気通信事業とは，①電気通信役務を，②他人の需要に応ずるために提供する事業をいいます[33]。

まず，①電気通信役務とは，電気通信設備を用いて他人の通信を媒介し，その他電気通信設備を他人の通信の用に供することをいいます[34]。ウェブサイトやアプリの運営など，オンラインサービスは，他人の通信を媒介しているかどうかにかかわらず，一般に，サーバ（電気通信設備）をユーザー（他人）の通信の用に供するものとして，電気通信役務には該当することになります。

次に，②他人の需要に応ずるために提供する事業であるかどうかについては，顧客に電気通信役務を提供することがなければ成り立たないサービスであるかどうか，が1つの判断基準となります[35]。例えば，事業者が自社の概要や商品・サービスについて周知・宣伝するためにホームページを開設するもの（いわゆるコーポレートサイト）や，事業者が自社の商品を販売するための手段として，ウェブサイトを開設するもの（自社ECサイト）については，電気通信役務を前提としない別の自らの本来業務の遂行の手段として電気通信役務を提供しており，顧客に電気通信役務を提供しなくても成り立つサービスであるため，他人の需要に応ずるために提供する事業ではないといえます[36]。他方で，例えば，オンラインニュースや映像配信など，自社の商品やサービス自体をインターネット経由で提供する場合には，顧客に電気通信役務を提供することがなければ成り立たないサービスであるため，他人の需要に応ずるために提供する事業であるといえます。

概要としては次頁のイメージ図をご参照ください。

33　電気通信事業法2条4号
34　電気通信事業法2条3号
35　参入マニュアルガイドブック6頁
36　参入マニュアル25，26頁

【電気通信事業該当性のイメージ図】

（詳細）『電気通信事業』とは（オンラインサービスの考え方） ⑥

○ 「顧客に**電気通信役務を提供することがなければ成り立たないサービス**」
　⇒「**電気通信事業**」に**該当します**　🏠左図
○ 「**電気通信役務を必ずしも前提としない、別の自らの本来業務の遂行の
手段**」として電気通信サービスを提供する場合　⇒「**電気通信事業**」には**該当しません**　🔍右図

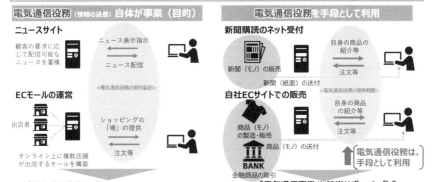

「**電気通信事業**」に該当し、「電気通信事業を営む者」に該当する場合、
電気通信事業法が適用されます。☞P５、P17参照

「**電気通信事業**」に該当せず、☞P５、
電気通信事業法は適用されません。P17参照

（出所）参入マニュアルガイドブック

【コラム④】電気通信事業の登録・届出の要否

　電気通信事業を営もうとするときは，電気通信事業法の適用除外[37]に該当しない限り，登録または届出が必要になります。

　「電気通信設備を用いて<u>他人の通信を媒介する電気通信役務以外の電気通信役務を電気通信回線設備を設置することなく提供する電気通信事業</u>」は適用除外になる類型の１つであり，電気通信事業法164条１項３号に定めがあることから「第三号事業」と呼ばれます。第三号事業に該当する場合には，登録または届出は不要です。

37　電気通信事業法164条１項各号

他人の通信を媒介する，の意味については71頁のイ(ア)のとおりです。なお，①ドメイン名電気通信役務，②検索情報電気通信役務（インターネット検索サービスなど），および③媒介相当電気通信役務（SNSなど）については，第三号事業の範囲から除かれており（電気通信事業法164条１項３号イ〜ハ。ただし，②・③については利用者数が1,000万人以上のサービスのみが届出義務の対象となります），他人の通信を媒介しない場合であっても，登録または届出が必要な電気通信事業に該当します。

ウ　外部送信規律への対応方法

　上記アでは，外部送信規律は，送信されることとなる利用者に関する情報の内容や送信先について，当該利用者に確認の機会を付与する義務を課すものと説明しました。利用者に確認の機会を付与する方法としては，あらかじめ，それらの情報を利用者に通知し，または公表（利用者が容易に知りうる状態に置くこと）しなければならないとされています[38]。

　なお，情報の送信について利用者の同意を取得する方法[39]や，情報の送信または利用についてオプトアウトを行う機会を利用者に与える方法[40]によっても，外部送信規律への対応は可能です。しかし，同意取得やオプトアウト機会の提供を行う場合にも，一定の事項の説明が求められることからすれば，通常は公表により対応することのほうが簡便と考えられ，実際に，ほとんどの企業においては，外部送信規律への対応を公表という方法によって行っているものと思われます。

　したがって，以下では，Cookieポリシーなどにおいて公表によって外部送信規律への対応を行う場合を念頭において解説します。

38　電気通信事業法27条の12柱書
39　電気通信事業法27条の12第３号
40　電気通信事業法27条の12第４号

エ　公表が求められる事項

　外部送信規律において利用者に対する公表が求められるのは，次の(ア)～(ウ)の事項です[41]。

(ア)	送信されることとなる当該利用者に関する情報の内容
(イ)	(ア)の情報の送信先となる電気通信設備を用いて当該情報を取り扱うこととなる者の氏名または名称
(ウ)	(ア)の情報の利用目的（①送信元が外部送信させる目的＋②送信先における利用目的）

(ア)　送信されることとなる当該利用者に関する情報の内容

　送信される情報がどのような情報であるかを利用者が適切に認識できるように記載する必要があります。送信される情報を具体的に列挙することなく，「等」や「その他」等のあいまいな表現を安易に使用することは避けるなど，利用実態および利用者の利便に合わせて適切に記載されるのが望ましいとされています[42]。具体的な記載粒度としては，事案ごとに判断されることとなりますが，例えば，「ウェブサイト閲覧履歴」，「サービス購入履歴」，「商品購入履歴」等のような記載粒度で問題ないと考えられます[43]。

(イ)　送信先となる電気通信設備を用いて当該情報を取り扱うこととなる者の氏名または名称

　氏名または名称よりもサービス名のほうが認知されやすい，といった場合は，サービス名なども併記することが望ましいとされています[44]。

41　電気通信事業法施行規則22条の2の29
42　電通分野ガイドライン解説7-3-1(1)
43　電通法パブコメ回答（令和5年）54頁
44　電通分野ガイドライン解説7-3-1(2)

㈻ 送信する情報の利用目的

①ウェブサイトやアプリを運営する電気通信事業者が情報を外部送信させる目的および②情報の送信先となる者の利用目的（上記㈖に該当する者が利用者に関する情報を取り扱う目的）のいずれも記載する必要があります[45]。

具体的な記載粒度としては，事案ごとに判断されることとなりますが，例えば，「当社の商品やサービスの運用・向上，新商品や新サービスの企画，アンケート調査その他マーケティング分析のため」「お客さまにお勧めする商品・サービス・コンテンツ等のご案内のため」「お客さまに適した当社および他社の広告の表示・配信のため」といった記載粒度で問題ないとされています。ただし，利用者に関する情報から，当該利用者に関する行動・関心等の情報を分析する場合，どのような取扱いが行われているかを当該利用者が予測・想定できる粒度で利用目的を記載しなければならないとされていることに留意が必要です[46]。

＊　　＊　　＊

その他，上記㈗～㈻以外にも，利用者への適切な確認の機会を付与するという観点から以下の㈼～㈹の事項も公表することが望ましいとされています。さらに，以下の㈺の事項についても，公表することが考えられるとされています[47]。

【公表が望ましい事項】

㈼	オプトアウト措置の有無
㈽	送信される情報の送信先における保存期間
㈹	情報送信指令通信を行う事業者における問い合わせ先
㈺	利用者に関する情報がどの国・地域に送信されることとなるか

45　電通分野ガイドライン解説7-3-1(3)
46　電通法パブコメ回答（令和5年）54-55頁，58-59頁
47　電通分野ガイドライン解説7-3-1

a 複数の対象役務についての記載方法

　これらの公表事項は，ウェブページやアプリケーションに埋め込まれたタグや情報収集モジュールごとに記載する必要があります[48]。ただし，情報送信指令通信が行われるたびに公表する必要はなく，ウェブサイト単位でまとめて表示することもできます[49]。また，1つのウェブサイトのドメインに複数の対象役務が存在している場合，まとめて表示することも可能ですが，まとめて表示する対象役務ごとに，公表すべき事項に差異があるのであれば，当該差異がわかるようにする必要があります[50]。

　例えば，あるウェブサイトにおいて，複数のページに様々なタグを設置し，Cookie情報を送信させている場合には，基本的には，そのウェブサイト全体でまとめて外部送信に関する公表を行うことが可能です。アプリケーションについても同様であり，同一のアプリケーションに複数の情報収集モジュールが含まれている場合であっても，基本的には，まとめて外部送信に関する公表を行うことが可能です。ただし，1つのウェブサイトのドメインで，複数のサービスを提供し，各サービスにおいて使用しているタグや情報収集モジュールが異なる場合には，サービスごとの差異がわかるように公表することが必要となります。

b 事業者自身または送信先事業者のプライバシーポリシーの引用

　事業者が，公表すべき事項を示すために，公表すべき事項が記載された送信先事業者のプライバシーポリシーなどへのリンクを示す場合や，すでに事業者自身のプライバシーポリシーに公表すべき事項が記載されているときに当該プライバシーポリシーへのリンクを示す場合は，当該リンクを単に表示するだけではなく，リンク先で表示される公表すべき事項の概略をあわせて示すことが望ましいとされています[51]。

48　電気通信事業法施行規則22条の2の29
49　電通分野ガイドライン解説7-3-1
50　電通法パブコメ回答（令和5年）55頁
51　電通分野ガイドライン解説7-3-1

また，送信先事業者のプライバシーポリシーなどへのリンクを示す場合には，送信先の事業者が複数のプライバシーポリシーを有している場合や，個人情報にのみ適用されるプライバシーポリシーしか有していない場合もあるため，リンクを示す前に，そのプライバシーポリシーが適切なものであるか，慎重に判断する必要があります。なお，送信先の事業者が，自らのタグや情報収集モジュールを導入しているウェブサイトやアプリケーション向けに，通知・公表事項の記載例や専用の説明ページなどを用意している場合があります。この場合には，法令の要件を満たすか否かを念のため確認した上で，当該記載例を使用し，または当該説明ページへのリンクを張ることが適切な対応となります[52]。

オ　公表を行う方法

　上記エに記載した事項を公表する場合，利用者が容易に確認できるようにすることが求められます。公表を行う場合，以下の事項を遵守する必要があります[53]。なお，送信先事業者のプライバシーポリシーへのリンクを張ることで公表を行う場合には，リンク先のプライバシーポリシーについても，下記の要件を満たすことが必要である点に留意する必要があります。

㈦　日本語を用い，専門用語を避け，および平易な表現を用いること

　運営する電気通信役務で想定される一般的な利用者の知識や理解力等を基準として，専門用語であるか，平易な表現であるかを判断して記載する必要があります。

㈣　操作を行うことなく文字が適切な大きさで利用者の電気通信設備の映像面に表示されるようにすること

52　例えば，Googleは，「電気通信事業法27条の12に基づく通知・公表のための参考情報（事業者向け）」と題するウェブページで，サービスごとの利用目的を明らかにしています（https://business.safety.google/intl/ja/tba-jp/）。

53　電気通信事業法施行規則22条の2の28。詳細については，電通分野ガイドライン解説7-2-1以下

画面の拡大・縮小等の追加的な操作を行うことなく文字が適切な大きさで表示されるようにすることが必要です。例えば，当該ウェブサイトやアプリで使用している標準的な文字サイズと同等文字サイズとすることが考えられます。

⑷　上記⑺および⑻の他，利用者が公表すべき事項について容易に確認できるようにすること

上記⑺および⑻を満たした上で，公表を行うべき事項について，利用者が容易に理解できるようにすることが必要です。背景色を考慮して視認性の高い文字色とすること，分量に応じた表示方法にするなどの考慮が必要です。

また，プライバシーポリシーやCookieポリシーなどがすでにあり，その中に公表を行うべき事項を記載する際には，外部送信規律に関する内容が含まれることなどをタイトルや見出しなどに明記しておくとともに，一括して確認できるように工夫することが望ましいとされています。

㊁　情報送信指令通信を行うウェブページまたは当該ウェブページから容易に到達できるウェブページにおいて，公表すべき事項を表示すること

利用者がウェブサイトを閲覧する際に情報送信指令通信が行われることを想定した場合，情報送信指令通信を行うウェブページから1回程度の操作で到達できる遷移先のウェブページに当該事項が表示されており，かつ，情報送信指令通信を行うウェブページにおいて，当該遷移先のウェブページに当該事項の表示があることが利用者にとって理解できる形でリンクが配置されていれば容易に到達できるウェブページに該当すると考えられます。

㊋　情報送信指令通信を行うソフトウェアを利用する際に，利用者の電気通信設備の映像面に最初に表示される画面または当該画面から容易に到達できる画面において，公表すべき事項を表示すること

利用者がアプリケーションを利用する際に情報送信指令通信が行われることを想定した場合，アプリケーションを利用する際に，利用者の電気通信設備

（端末設備）の映像面に最初に表示される画面または当該画面から容易に到達できる画面において，利用者が容易に知り得る状態に置くべき事項について表示を行う必要があります。

㈎　上記㈍および㈎と同等以上に利用者が容易に到達できるようにすること

　上記㈍および㈎の方法に限られず，公表事項が同等以上に容易に認識できる方法であればその方法を採用することも可能です。

カ　適用除外

　外部送信が行われる情報が以下のいずれかに該当するものであるときは，利用者に通知または公表をする必要はないものとして，適用除外が定められています[54]。なお，電気通信事業法27条の12の３号および４号は同意またはオプトアウトの方法を採用する際の規定ですので，公表の方法による場合は，以下の１号および２号に規定されている適用除外情報を確認する必要があります。

　なお，以下の㈠～㈎に該当する情報を外部送信する場合であっても，送信先が以下に掲げる以外の目的（例えば広告・マーケティングやアクセス分析など）のためにも利用する際は適用除外とはならず公表が必要となる点に留意が必要です。

㈠　当該電気通信役務において送信する符号，音響または影像を当該利用者の電気通信設備の映像面に適正に表示するために必要な情報その他当該電気通信役務の提供のために真に必要な情報

　電気通信事業者が電気通信役務を提供するにあたっては，利用者の電気通信設備（端末設備）に対して送信する符号（文字や記号等），音響（音楽，音声や効果音等），影像（画像や動画等）を，利用者の電気通信設備（端末設備）の映像面（ディスプレイ等）に適正に表示する必要があるため，利用者の電気通

54　電気通信事業法27条の12各号，電気通信事業法施行規則22条の２の30。詳細については，電気通信分野ガイドライン解説7-4

信設備（端末設備）のOS情報，画面設定情報，言語設定情報，ブラウザ情報といった利用者の電気通信設備（端末設備）に関する一定の情報を必要とすることが想定されます。これらの情報や，その他，電気通信役務の提供にあたって必要不可欠な情報を送信する際は適用除外とされます。

　利用者が利用を希望している電気通信役務を提供するにあたり，当該電気通信役務を提供する電気通信事業者に送信される情報は，基本的には当該電気通信役務の提供に必要なものであると考えられるため，原則として「真に必要な情報」に該当すると考えられるとされています[55]。したがって，ファーストパーティCookieにより取得されるCookie情報については，ひとまず「真に必要な情報」に該当すると整理することが考えられます。ただし，ファーストパーティCookieにより取得されるCookie情報であっても，利用者が当該電気通信役務を利用する際に必ずしも必要がなく，一般の利用者から見て送信されることが通常想定できない情報や，通常想定できない利用目的で利用される情報については，「真に必要な情報」には該当しないと考えられますので[56]，留意が必要です。

㈲　当該利用者が当該電気通信役務を利用する際に入力した情報を当該利用者の電気通信設備の映像面に再表示するために必要な情報

　利用者の便宜に資するため，適用除外とされています。例えば，利用者がオンラインショッピングモールにアクセスして特定の品物を買い物かごに入れた後，時間を置いて再度アクセスした際に，当該品物を買い物かごに入った状態で再表示するために必要な情報などが挙げられます。

㈱　当該利用者が当該電気通信役務を利用する際に入力した認証に関する情報を当該利用者の電気通信設備の映像面に再表示するために必要な情報

　㈲と同様に，利用者の便宜に資するため，適用除外とされています。

55　電通分野ガイドライン解説7-4-1-2※1
56　電通分野ガイドライン解説7-4-1-1(1)

㋓ 当該電気通信役務に対する不正な行為の検知等を行い，または当該不正な行為による被害の軽減等を図るために必要な情報

　電気通信事業者が電気通信役務を提供する際には，セキュリティ対策を講じ，不正アクセスやサイバー攻撃等によって，当該電気通信事業者や，当該電気通信役務の利用者に被害が生じることを防ぐ必要があると想定されます。このような場合に，当該電気通信役務のセキュリティ対策に必要な情報の送信を行う際は適用除外とされています。

㋔ 当該電気通信役務の提供に係る電気通信設備の負荷を軽減させるために必要な情報その他の当該電気通信設備の適切な運用のために必要な情報

　利用者が多く多数のアクセスが集中する電気通信役務を提供する際には，特定のサーバ等に過剰な負担がかかることを防ぐため，負荷分散（ロードバランシング）等の措置が必要な場合が想定されます。このような場合に，電気通信設備の適切な運用のための措置にあたり必要な情報の送信をすることについては，適用除外とされています。

㋕ 当該電気通信事業者が当該利用者に対し当該電気通信役務を提供した際に当該利用者の電気通信設備に送信した識別符号（電気通信事業者が，電気通信役務の提供に際し，利用者を他の者と区別して識別するために用いる文字，番号，記号その他の符号をいう）であって，当該情報送信指令通信が起動させる情報送信機能により当該電気通信事業者の電気通信設備を送信先として送信されることとなるもの

　ファーストパーティCookieに保存されたIDを想定した規定であり，当該IDは当該電気通信事業者が生成するものであり，当該電気通信事業者が当該識別符号を当該利用者から当該電気通信事業者自身に送信させてこれを取得しても，当該利用者に自らが付した識別符号を回収しているにすぎず，その使途もID・パスワードの入力の省略等と限定的であることが想定されるため，適用除外とされています。あくまでもIDについての規定であり，ファーストパーティ

Cookieに保存されたID以外の，当該電気通信事業者への利用者に関する情報の送信に関しては，本規律の原則どおり，利用者に公表を行うことを要することになりますが，上記のとおり，原則として真に必要な情報に該当すると考えられます[57]。

<h1>4 JIAAガイドライン</h1>

JIAAとは一般社団法人日本インタラクティブ広告協会の略称であり，インターネット広告ビジネスにかかわる企業（媒体社，広告会社など）が集まり，消費者保護の観点に基づいたガイドラインの策定等を行っている団体です。JIAAでは，様々なガイドラインが策定されていますが，ここでは，その中でもCookieの利用に特に関係するガイドラインについて取り上げます。

JIAAの策定しているガイドラインは，JIAAの会員が適用対象となっていますが，適用の対象とならない事業者にとっても，内容は参考になるものと考えます。

(1) プライバシーポリシーガイドライン[58]

プライバシーポリシーガイドラインは，インターネット広告ビジネスにおいて取得・管理・利用される個人に関する各種情報の取扱いについて，インターネットを利用する消費者のプライバシーの観点から遵守すべき基本的事項を定めるものです（1条）。

本項では，特にCookieに関連する規定を取り上げますが，プライバシーポリシーガイドラインにおいては，一部の規定において個人関連情報が個人情報と同様に扱われる結果，個人関連情報について個人情報保護法では課されていない義務が課されている点に留意が必要です。

57　電通分野ガイドライン解説7-4-1-2※1
58　JIAA「プライバシーポリシーガイドライン」https://www.jiaa.org/katudo/gdl/privacy/
　　（以下，単に「プライバシーポリシーガイドライン」といいます）

なお，このプライバシーポリシーガイドラインは，インターネット広告ビジネスにおける広告を対象とするものであって，それ以外の会員社の事業には適用されません（3条2項）。

ア　プライバシーポリシーの構成（4条）・利用目的の通知，公表，明示（7条）

　個人情報および個人関連情報を取得する場合において，それらの利用目的を，プライバシーポリシー上にて明記し，当該プライバシーポリシーによって，公表または通知・明示することが求められています。また，取得する個人関連情報の種類もプライバシーポリシーに記載する必要があります。

　Cookieとの関係では，Cookie情報，端末識別ID等の識別子情報については，これらが個人情報に該当しない場合であっても，利用者の関心が高いことに鑑み，これらの情報を利用する場合は，その利用方法，利用目的等を公表しまたは本人に通知もしくは明示することが求められています。

イ　個人関連情報の第三者への提供（11条）

　個人関連情報を提供する場合に，提供先において個人データとして取得することが想定されないときは，個人情報保護法上は自由に提供することができますが，プライバシーポリシーガイドラインにおいては，同意の取得を確認すること，または以下の事項を公表した上でオプトアウト措置を実施することが必要とされています。

---

① 提供元である事業者の名称
② 第三者への提供を利用目的とすること
③ 第三者に提供される個人関連情報の項目
④ 第三者に提供される個人関連情報の取得元（取得源）および取得の方法
⑤ 第三者への提供の方法

---

⑥　利用者の求めに応じて当該利用者に係る個人関連情報の第三者への提供を停止すること

⑦　利用者の求めを受け付ける方法

　なお，提供先が個人データとして取得することが想定されない場合においても，提供する個人関連情報の取扱いの態様や性質等によっては，オプトアウト措置ではなくあらかじめ利用者の同意の意思を確認するなどの配慮をすることが望ましいとされています。

ウ　スマートフォン等の端末識別ID（15条）

　スマートフォン等の端末識別IDについては，他の情報と容易に照合することにより，特定個人の識別性を獲得する場合には個人情報として扱うべきことが定められています。加えて，スマートフォン等のOS提供会社が広告目的での端末識別子（広告識別子）を用意している場合，それを利用することが望ましく，それ以外の手法を利用する場合は，安全に利用者を識別しうる手法であるか，事前に評価を行った上で利用を検討すべきとされています。

　端末識別IDを外部に送信する場合には電気通信事業法上の外部送信規律の対象となる可能性があります。安全に利用者を識別しうる手法であるかどうかの評価にあたっては，以下の(ア)〜(ウ)の必須要件を満たしつつ，他事業者のデータと紐づかないかどうかを考慮すべきとされています。

(ア)　利用者にとって透明性・予見性が確保されていること

(イ)　利用者が自身で（容易に）オプトアウトできること

(ウ)　利用者が自身で（容易に）リセット（再発番）できること

⑵ 行動ターゲティング広告ガイドライン

　行動ターゲティング広告ガイドラインは，利用者のウェブサイト，アプリケーション，その他インターネット上での行動履歴情報を取得し，そのデータを利用して広告を表示する行動ターゲティング広告について，遵守すべき基本的事項を定めるものです[59]。

　行動ターゲティング広告ガイドラインは，媒体運営者，情報取得者，配信事業者および広告提供事業者という立場ごとに異なる規律を定めています。

【ガイドラインの規律対象となる事業者】

媒体運営者		① 配信事業者の配信する行動ターゲティング広告を掲載するウェブサイト等を開設・設置する事業者 または ② 自らのウェブサイト等を通じて利用者の行動履歴情報を広告提供事業者に取得させる事業者
広告提供事業者[60]	情報取得者	自らのウェブサイト等または他社のウェブサイト等を通じて利用者の行動履歴情報を取得し，その情報を広告提供事業者に提供する，または利用させる事業者
	配信事業者	行動履歴情報を利用して行動ターゲティング広告を配信する事業者

　Cookie情報を含む行動履歴情報[61]に関する規定としては，例えば以下のものがあります。

　広告提供事業者は，①情報取得の事実，②対象情報を取得する事業者の氏名または名称，③取得する行動履歴情報の例示，④取得方法，⑤利用目的，⑥保存期間，⑦オプトアウトの手段等をプライバシーポリシーなどわかりやすい

59　行動ターゲティング広告ガイドライン1条
60　配信事業者と情報取得者の総称です。
61　ウェブサイトの閲覧履歴や電子商取引サイト上での購買履歴等，それを蓄積することによって利用者の興味・嗜好の分析に供することができる情報をいいます。

ページにおいて，利用者が容易にかつ理解できるような態様で表示する等の方法により，利用者に通知し，または利用者の知りうる状態に置く必要があります[62]。また，利用者に対し，広告提供事業者が行動履歴情報を取得することの可否または広告提供事業者が行動履歴情報を利用することの可否を容易に選択できる手段（オプトアウト）を，自らの告知事項を記載したウェブサイト内のページから簡単にアクセスできる領域で提供する必要があります[63]。

　情報取得者は，広告提供事業者一般の義務に加えて，取得した行動履歴情報を広告提供事業者に提供する場合は，その旨ならびに提供を受ける広告提供事業者および提供する情報の範囲を，利用者に通知し，または利用者の知りうる状態に置くとともに，自社サイトのプライバシーポリシーなどわかりやすいページにおいて，広告提供事業者の告知事項を記載した広告提供事業者サイト内のページへのリンクを設置する必要があります[64]。

　配信事業者は，広告提供事業者一般の義務に加えて，インフォメーションアイコンを行動ターゲティング広告内または行動ターゲティング広告が設置された領域の周辺に表示し，これより告知事項を記載した配信事業者サイト内のページへのリンクを設置する取組みに協力するよう努めるものとされています[65]。

　他方で，媒体運営者は，自社サイトのプライバシーポリシーなどわかりやすいページにおいて，自社サイトに行動ターゲティング広告が配信されていることおよび行動ターゲティング広告を配信する配信事業者の名称，また自らのウェブサイト等を通じて利用者の行動履歴情報を広告提供事業者に取得させる場合は，その旨および情報を取得する広告提供事業者を表示する必要があります。さらに，媒体運営者は，行動ターゲティング広告が設置された領域の周辺またはページ下部のフッター等のわかりやすい場所にリンクを設置し，リンク先に広告提供事業者の告知事項を記載したページ（当該ページへのリンクを設

62　行動ターゲティング広告ガイドライン4条1項
63　行動ターゲティング広告ガイドライン5条1項
64　行動ターゲティング広告ガイドライン4条3項
65　行動ターゲティング広告ガイドライン6条1項

置した自社サイトのプライバシーポリシーなどのページを含みます）へのリンクを設置する必要があります[66]。また，自らのウェブサイト等のわかりやすい場所に，広告提供事業者の告知事項を記載したページへのリンクを設置することにより，利用者に対し，オプトアウトの手段を提供する必要があります[67]。

(3)　ユーザー情報の安全な取扱いに関するガイダンス[68]

　ユーザー情報の安全な取扱いに関するガイダンスは，実際のインターネット広告ビジネスの観点からユーザー情報を適法・適正に取り扱うためのポイントを整理したものです。このうち，Cookieに特に関連する，「UG-5：タグを通じて他社が直接取得することについての考え方」について取り上げます。

　媒体社（ウェブサイト運営者等）が第三者のタグを設置してデータを第三者に取得させている場合，当該データに媒体社が関与するか否か等により，当該データが媒体社から第三者に提供されているのか，第三者が直接取得しているのかの判断が異なるとされています。上記②(5)のとおり，第三者提供か，直接取得かの違いは，個人情報保護法上の個人関連情報の第三者提供規制[69]の適用の有無を分けることとなり，その判断基準は，ウェブサイト運営者が収集される情報を取り扱うか否かによって異なるものとされています。JIAAのガイダンスも，同様の考え方に基づくものと解されます。

　また，ウェブサイト運営者と第三者のいずれが情報を取得しているかにかかわらず，ウェブサイト運営者は，自社のホームページ上に第三者のタグを設置する場合には，自主的な措置として，設置するタグを発行する事業者名，そのプライバシーポリシーやオプトアウトページへのリンクを設置することが望ましいとされています[70]。

66　行動ターゲティング広告ガイドライン4条2項
67　行動ターゲティング広告ガイドライン5条2項
68　JIAA「ユーザー情報の安全な取扱いに関するガイダンス」https://www.jiaa.org/katudo/gdl/privacy_guidance/
69　個人情報保護法31条
70　JIAA「UG-5：タグを通じて他社が直接取得することについての考え方」（令和4年11月1日）

⑷ 電気通信事業法における外部送信規律についてのガイダンス

外部送信規律を概説している文書です[71]。

利用されることが多い外部送信プログラムについて，外部送信プログラム名，送信先サービス事業者，当該対象サービス事業者（ウェブサイト運営者）の利用目的がまとめられており，Cookieポリシーの作成にあたり参考になります。

5 スマートフォンプライバシーイニシアティブ

⑴ スマートフォンプライバシーイニシアティブ（SPI），スマートフォンプライバシーイニシアティブⅢ（SPIⅢ）の概要

SPIは，スマートフォンの急速な普及により多数の情報を取得・蓄積することが可能になったことを受けて，事業者が，利用者に対して透明性の高いわかりやすい説明を行い，利用者情報を適正な手段により取得することを目的としています。そして，関係事業者がスマートフォンにおける利用者情報を取り扱うための具体的な指針として，旧「スマートフォン利用者情報取扱指針」が策定され，SPIの一部として公表されました[72]。このようなSPI記載の事項については，関係事業者等や業界団体のイニシアティブによる自主的な取組みの推進が期待されるものであることが述べられています[73]。

その後，スマートフォンプライバシーイニシアティブⅡを経て，スマートフォンアプリケーション関係事業者等の役割分担の明確化や取組みの具体化等を目的として，SPIについて明確化・具体化等を行ったSPIⅢが公表されました。SPIⅢの第1章の1「スマートフォン利用者情報取扱指針」は，スマートフォ

---

71 https://www.jiaa.org/wp-content/uploads/2024/04/jiaa_gaibusosin_guidance.pdf
72 ①透明性の確保，②利用者関与の機会の確保，③適正な手段による取得の確保，④適切な安全管理の確保，⑤苦情・相談への対応体制の確保，⑥プライバシー・バイ・デザインという6つの基本原則を示しました（SPI55頁以下）。
73 SPI2頁

ンアプリケーションの利用者情報[74]の適正な取扱いに関して，旧「スマート
フォン利用者情報取扱指針」策定後の環境の変化等を踏まえ，スマートフォン
アプリケーションに関わる関係事業者等が取り組むことが望ましい基本的事項
を定めたものです[75]。

　以上のとおり，スマートフォンアプリを制作する事業者にとって，スマート
フォンのアプリケーションが利用者情報を収集する技術を使用する場合には
SPIおよびSPIⅢを参照することが望ましいとされており，このような技術は，
Cookieそれ自体ではありませんが，Cookieと類似の技術ですので，本項でSPI
およびSPIⅢの内容を紹介します。なお，電気通信事業における個人情報等の
保護に関するガイドラインの解説には，アプリケーションのプライバシーポリ
シーについてはSPI等による旨の記載があります[76]。

(2)　Cookieに関する記述

　スマートフォンでも，ブラウザを通じてウェブサイトを閲覧する場合には，
Cookieを利用した利用者情報の収集が可能です[77]。

　そして，SPIおよびSPIⅢでは，「Cookie技術を用いて生成された識別符号」，
すなわちCookie IDについては，「ウェブサイトは自ら保存したCookieのみを読
み出す設計となっている」とした上で，「利用者側で容易に変更可能であるこ
と」および「一定の期間のみの利用であること」から，「契約者・端末固有ID
に比べると，個人識別性を取得する蓋然性は低い」，すなわち個人情報に該当
する可能性は低い，とされています[78]。ただし，これはCookie IDそれ自体に
ついての記載であることに注意が必要です。他方で，「ウェブサイト訪問時，
ウェブブラウザを通じ一時的にPCに書込み記録されたデータ等」については，
「単体では個人識別性を有しないが，発行元等において他情報を照合し個人識

74　スマートフォンにおいてスマートフォンの利用者の情報と結びついた形で生成，利用または蓄積
　　されている情報の総称をいいます（SPIⅢ6頁）。
75　SPIⅢ6頁
76　電通分野ガイドライン解説3-5-2
77　SPI9頁
78　SPI43頁，SPIⅢ11頁

別性を有する場合がある」とされています[79]。

(3) アプリケーション提供者の取組み

ア 情報収集モジュールに関するプライバシーポリシーの記載事項

アプリケーション提供者[80]は，プライバシーポリシーにおいて，情報収集モジュールに関する次の事項を記載する必要があります[81]。すなわち，アプリケーションに情報収集モジュールを組み込んでいない場合には，アプリケーション提供者以外の第三者が情報収集モジュールを用いて利用者情報を取得しない旨を記載する必要があります。また，アプリケーションに情報収集モジュールを組み込んでいる場合には，①組み込んでいる情報収集モジュールを用いたサービスの名称，②情報収集モジュール提供者の名称，③取得される利用者情報の項目，④利用目的，⑤第三者提供・共同利用の有無等について情報収集モジュールごとに記載するとともに，各情報収集モジュール提供者のプライバシーポリシーにリンクを張るなどして容易に見られるようにし，情報収集モジュールによりスマートフォン外部に利用者情報が送信される旨がわかるように記載する必要があります。

なお，アプリケーションプライバシーポリシーの記載例については，姉妹書『プライバシーポリシー作成のポイント』173頁以下もご参照ください。

イ プライバシーポリシーの運用

アプリケーション提供者は，アプリケーションをダウンロードしようとする者が容易に参照できる場所に，プライバシーポリシーを掲示しまたはそのリンクを張る必要があります[82]。また，プライバシーポリシーによる通知・公表ま

---

79 SPI44頁，SPIⅢ12頁
80 アプリケーション提供者が利用者情報を取得していない場合でも，プライバシーポリシーを通知・公表することが望ましいとされています（SPIⅢ19頁）。
81 SPI63頁，SPIⅢ17頁
82 SPI60頁，SPIⅢ19頁

たは同意取得は，原則として，利用者がアプリケーションをダウンロード，あるいはインストールしようとする前に行う必要があります。

　また，アプリケーション提供者は，アプリケーションの利用履歴を取得する際は，当該アプリケーションによるサービス提供のために必要な範囲で用いる場合[83]を除き，個別の情報に関する同意取得を行う必要があります[84]。

ウ　情報収集モジュール提供者による利用者情報の取扱いに関する苦情相談

　アプリケーション提供者は，利用者から，情報収集モジュール提供者による利用者情報の取扱いに関する苦情相談があった場合であって，自らその苦情相談を処理することができないときは，情報収集モジュール提供者の相談窓口・連絡先に利用者を誘導することが望ましいとされています[85]。

⑷　情報収集モジュール提供者の取組み

　スマートフォンから利用者情報を収集する情報収集モジュール提供者も，上記⑶アの内容を踏まえて（適宜，「アプリケーション提供者」を「情報収集モジュール提供者」と，「アプリケーション」を「情報収集モジュール」と読み替えた上で），プライバシーポリシーを作成することとされています[86]。

　また，プライバシーポリシーの運用については，上記⑶イを踏まえて行うことが望ましいとされています。ただし，アプリケーションの利用者に対する通知・公表または同意取得に関しては，情報収集モジュール提供者自身が実施することは困難だと考えられ，アプリケーション提供者を介して行われることが想定されますので，情報収集モジュール提供者は，関連する内容を含むプライバシーポリシーを公表し，アプリケーション提供者へ通知することとされてい

83　例えば，アプリケーションの品質向上等のために当該アプリケーションの利用履歴等を活用する場合がこれに当たります（SPIⅢ20頁）。
84　SPIⅢ20頁
85　SPIⅢ23頁
86　SPIⅢ24頁

ます[87]。

　また，アプリケーションの利用者から，情報収集モジュール提供者に対し，取得した利用者情報に関する問い合わせまたは取得した利用者情報の削除等の申出があった場合は，情報収集モジュール提供者は，必要に応じてアプリケーション提供者と協力してこれに応じることとされています[88]。

(5)　他の関係事業者等における取組み

　その他にも，アプリケーション提供サイト運営事業者，OS提供事業者，移動体通信事業者，端末製造事業者は，「アプリケーション提供者等に対し，適切なプライバシーポリシー等の作成・公表等の対応を促す」「プライバシーポリシー等の表示場所を提供するなど，アプリケーション提供者等に対し，適切な対応を行うように支援する」などの対応を行うことが求められます[89]。

6 プラットフォーマーによるアプリ自主規制

　アプリケーションにおけるデータの利用やトラッキングについては，プラットフォーマーによる規制もなされることがあります。

(1)　Apple

　Apple社の端末向けのアプリから収集する広告識別子（IDFA）その他のデータには，Appleが定める各種ポリシー等が適用されます。

　まず，アプリの提供者は，プライバシーポリシーにおいて，収集するデータの種類，データの収集方法，データの用途等を明確に提示する必要があるほか，アプリでデータを収集するに際しては，そのデータが匿名のものであったとしても，ユーザーからデータ収集に関する同意を得る必要があります。アプリで

87　SPIⅢ24頁
88　SPIⅢ25頁
89　SPI65-66頁，SPIⅢ26-27頁

収集したデータはアプリの改善や広告の提示といった目的でのみサードパーティと共有することができるとされており[90]，また，端末由来の恒久的識別子を使用して端末を一意に識別することや，端末やユーザーを一意に識別する目的で端末からデータを抽出することも禁止されています[91]。さらに，トラッキングを行うためには，Apple所定のフレームワークを通じてユーザーの許可を得る必要があります[92]。アプリのユーザーデータをサードパーティ（分析ツール，広告ネットワーク，サードパーティ製のSDK，その他ユーザーデータにアクセスできる親会社，子会社，その他の関連組織）と共有する場合は，サードパーティにおいてもこれらのルールが遵守されていることを確認する必要があります[93]。

⑵　Google

　Android用のアプリから収集するAndroid 広告ID（ADID）その他のデータには，Googleが定める各種ポリシー等が適用されます。

　まず，アプリによるユーザーデータの利用については，「認識しやすい開示と同意」が要件とされています[94]。認識しやすい開示の要件としては，アプリ内での開示，アプリの通常使用時の表示（表示するのにメニューや設定に移動する必要のある開示方法では不十分とされています），アクセスまたは収集するデータの種類についての説明，データをどのように使用・共有するかについての説明，掲載場所をプライバシーポリシーや利用規約のみとしないこと，個人情報や機密情報の収集に関係のない他の開示の中に掲載しないことが要求されています。また，同意については，同意ダイアログは，あいまいにならないよう明確に表示し，同意を示すための明確な操作をユーザーに求めることなど

90　「App Reviewガイドライン」（最終閲覧：2024年3月6日）5.1.2(i)
91　「Apple Developer Program使用許諾契約」3.3.3
92　「ユーザーのプライバシーとデータの使用」（https://developer.apple.com/jp/app-store/user-privacy-and-data-use/）
93　「App Reviewガイドライン」5.1.1(i)
94　Google Playポリシーセンター・ユーザーデータ（https://support.google.com/googleplay/android-developer/answer/10144311）（最終閲覧：2024年3月6日）

が要求されています。

デフォルトでユーザーの個人情報と機密情報を収集するように設計されているサードパーティのコード（SDKなど）がアプリに統合されている場合は、Google Playによる要請を受けてから2週間以内に（Google Playによってそれより長い期間が与えられている場合はその期間内に）、アプリが「認識しやすい開示と同意の要件」（サードパーティのコードを通じたデータのアクセス、収集、使用、共有に関する要件を含みます）を満たしていることを示す、十分な根拠を提示する必要があります[95]。

また、Android 広告ID（ADID）は広告とユーザーの分析以外で使用してはならないとされています。ADIDを永続的なデバイス識別子（SSAID、MACアドレス、IMEIなど）に関連づけることは、それが広告目的で行われ、かつユーザーの明示的な同意がある場合に限り認められています[96]。

---

95 Google Playポリシーセンター・ユーザーデータ（https://support.google.com/googleplay/android-developer/answer/10144311）

96 Google Playポリシーセンター・広告（https://support.google.com/googleplay/android-developer/answer/9857753）

第2 Cookieポリシーの策定

1 Cookieポリシー策定の意義と考え方

(1) Cookieポリシーがなぜ必要か

　Cookieはユーザーの利便性の向上等に資する面がある一方で，オンライン上の行動の継続的なトラッキングを可能とすることから，ユーザーのプライバシーを侵害する危険性も有しています。しかし，そのような危険性があるにもかかわらず，Cookieのような技術には馴染みがないユーザーが一般的であり，多くのユーザーは自らのオンライン上の行動がトラッキングされていることを十分に認識していないと思われます。また，第1章第1の③に記載したとおり，自身のブラウザに保存されているCookieを確認する手段も存在するものの，一般のユーザーがそのような知識を有することは稀です。さらに，Cookieの利用からオプトアウトする方法についても，広く認識されているとはいいがたいでしょう。

　以上を踏まえると，ユーザーのプライバシーを尊重する観点からは，Cookieの利用に関する透明性を高めることが望ましいといえます。そのための具体的な手段としては，Cookieポリシーを公表し，その中で，Cookieを利用している事実に加えて，Cookieの仕組みやオプトアウトの方法等を説明することが考えられます。

　さらに，本章第1の③に記載したとおり，令和5年6月16日に施行された改正電気通信事業法により，いわゆる外部送信規律が導入され，電気通信事業者および第三号事業を営む者が，対象役務を提供する場合には，外部送信される情報の内容，送信先および利用目的について，利用者に確認の機会を付与することが義務づけられています[1]。

このため，実務上は，外部送信規律において公表が求められる事項を網羅しつつ，Cookieの利用に関するわかりやすい説明も記載したCookieポリシーの策定が求められる場面が増えています。なお，本章第1の③(2)ウに記載したとおり，外部送信規律との関係では，オプトアウトや同意取得により対応する方法もありますが，公表の方法によることが最も簡便と思われます。以下でも，Cookieポリシーにおける公表により外部送信規律への対応を行う想定で解説を行っています。

　本書では「Cookieポリシー」という呼称を用いていますが，この他にも，「Cookieの利用について」，「利用者情報の外部送信について」，「外部送信情報の取扱いについて」などの表題も考えられます。本章第1の③(2)エ(ウ)に記載したとおり，外部送信規律の適用がある場合には，タグが設置されたウェブページから容易に公表事項が掲載されたページに遷移できるようにする必要があります。このため，フッター等にCookieポリシーへのリンクを記載することになりますが，リンク名にもなるCookieポリシーの表題は，公表事項が掲載された文書であることがわかるものにする必要があります。

　なお，本章および第4章に記載しているとおり，海外法令や自主規制団体のガイドラインに対応するためにCookieポリシー等の作成が必要になる場合もあります。

　また，第2章第1で説明したとおり，外部送信に用いられる技術はCookieに限られないところ，Cookieを用いることができないモバイル端末用のアプリにおいても，広告配信事業者等の第三者が用意したSDK（ソフトウェア開発キット）等の情報収集モジュールを組み込むことで，Cookieと同様に，利用者に関する端末の情報を第三者に送信することが可能となるため，アプリプライバシーポリシーの作成等を通じた外部送信規律への対応が求められています[2]。

1　電気通信事業法27条の12
2　アプリにおいて必要な対応の詳細につきましては，白石和泰他編著『プライバシーポリシー作成のポイント』（中央経済社，2022年）171頁以下もご参照ください。

⑵　Cookieポリシーとプライバシーポリシーの関係性

　本章第1の②に記載したとおり，Cookie情報は，他の情報と容易に照合でき，それにより特定の個人を識別できる場合，個人情報に該当します。多くの企業は個人情報の取扱いをプライバシーポリシーで公表していますから，個人情報に該当するCookie情報については，他の個人情報と同様に，プライバシーポリシーに従って取り扱うことが必要となります。また，事業者によっては，プライバシーポリシーにおいて，個人情報にとどまらず，個人に関する情報全般の取扱いについて公表している例もあり，この場合には，個人情報に該当しないCookie情報についても，プライバシーポリシーに従って取り扱うこととなります。

　しかしながら，プライバシーポリシーにCookie情報の取扱いに関する利用目的等を記載していたとしても，それとは別に，前述⑴に記載したようなCookieの仕組みやオプトアウトの方法等を説明する必要があります。また，前述⑴に記載したとおり，外部送信規律の適用を受ける場合には，外部送信される情報の送信先等についても記載が必要となります。そのため，プライバシーポリシーを策定すればCookieポリシーは不要であるということにはなりません。

　もっとも，プライバシーポリシーの中でCookieに関する項目を設け，Cookieポリシーに記載すべき内容を盛り込むことで，プライバシーポリシーがCookieポリシーを兼ねる形にすることも可能です。ただし，外部送信規律の適用対象となる事業者がプライバシーポリシーの中に外部送信規律に関する内容を定める場合，外部送信規律に関する内容が含まれること等をタイトルや見出しに明記しておくとともに，一括して確認できるように工夫することが望ましいとされています[3]。

　このように，プライバシーポリシーとCookieポリシーの関係性についてはいくつかのパターンがありうるため，各事業者が，その事業内容や取り扱ってい

3　電通分野ガイドライン解説7-2-1⑶

る個人情報およびCookie情報の内容，外部送信規律の適用状況等を踏まえ，適切なパターンを選択した上で，一貫性をもってプライバシーポリシーおよびCookieポリシーを作成する必要があります。

(3) Cookieポリシーを作成する際の留意点

Cookieポリシーを作成する際は，以下の点に留意する必要があります。

ア　必要な事項が記載されていること

前述のとおり，Cookieの利用に関する透明性を高める手段としてのCookieポリシーという観点からは，Cookieを利用している事実に加えて，Cookieの仕組みやオプトアウトの方法等を記載することが望ましいといえます。

さらに，電気通信事業法の外部送信規律が適用される場合，本章第1の③(2)ウに記載したとおり，以下の事項について，利用者に通知し，または利用者が容易に知りうる状態に置くことが必要または望ましいとされています。

【通知・公表が必要な事項】

①	送信されることとなる当該利用者に関する情報の内容
②	①の情報の送信先となる電気通信設備を用いて当該情報を取り扱うこととなる者の氏名または名称
③	①の情報の利用目的

【通知・公表が望ましい事項】

④	オプトアウト措置の有無
⑤	送信される情報の送信先における保存期間
⑥	情報送信指令通信を行う事業者における問い合わせ先
⑦	利用者に関する情報がどの国・地域に送信されることとなるか

したがって，Cookieポリシーにおいては，電気通信事業法上，これらの事項

を通知し，または容易に知りうる状態に置くべき義務を負う事業者については，①から③の事項を記載する必要があるとともに，④から⑦の事項も記載することが望ましいといえます。もっとも，⑤・⑦の事項を記載することは困難な場合も多いため，実務上は，Cookieポリシーへの記載を行っていない例が多いように思われます。また，外部送信規律の適用を受けない事業者についても，①から⑦の事項が，利用者に自らの情報の取扱いに関して確認する機会を与える観点で有益な情報であることからすると，これらの事項をできるだけ記載することが望ましいといえます。

イ　利用者にとってわかりやすいこと

　前述のとおり，Cookieのような技術は，一般のユーザーにとっては理解が難しいものです。Cookieポリシーは，その点を踏まえて，透明性の向上によりプライバシーを保護することを目的としていますから，当然ながら，その内容は利用者にとってわかりやすいものであることが求められます。

　特に，電気通信事業法の外部送信規律が適用される場合については，本章第1の③(2)エに記載したとおり，前述の各事項を利用者に通知し，または利用者が容易に知りうる状態に置く方法としては，利用者が容易に認識することを可能とする観点から，(i)日本語を用い，専門用語を避け，平易な表現を用いること，(ii)利用者の端末において，画面を拡大・縮小する等の追加的な操作を行うことなく，文字が適切な大きさで表示されるようにすること等，一定の事項に留意する必要があるとされています[4]。また，電通分野ガイドライン解説7-2-1(3)によると，ウェブサイトやアプリケーションの背景色との関係で視認性の高い文字色を採用することや，量が多い場合にスクロールを行うことなく端末の画面に全体が表示されるようにウェブページを階層化することが望ましいとされています。

4　電気通信事業法施行規則22条の2の28第1項

ウ　利用者にとってアクセスしやすいこと

　Cookieポリシーは利用者への情報提供のために作成するものであるため，利用者にとってアクセスしやすいものであることが重要です。

　特に，外部送信規律が適用される場合，アで前述した各事項を利用者が容易に知りうる状態に置く場合には，利用者が容易に到達できる画面において表示を行う必要があるとされています[5]。電通分野ガイドライン解説7-2-3によると，以下の措置が講じられている場合には，利用者が容易に到達できると判断できるとされています。

ウェブサイト：
　情報送信指令通信を行うウェブページまたは当該ウェブページから1回程度の操作で到達できる遷移先のウェブページに各事項が表示されており，かつ，情報送信指令通信を行うウェブページにおいて，当該遷移先のウェブページに当該事項の表示があることが利用者にとって理解できる形でリンクが配置されている場合
アプリケーション：
　アプリケーションを利用する際に，利用者の電気通信設備（端末設備）の映像面に最初に表示される画面または当該画面から容易に到達できる画面において，利用者が容易に知りうる状態に置くべき事項について表示を行う必要がある

　そのため，事業者は，例えば，ウェブサイトであればフッター，アプリケーションであれば起動後最初に表示される画面やメニューバーにおいて，Cookieポリシーやアプリプライバシーポリシーの掲載場所へのリンクを表示する等の措置を講じることで，利用者がCookieポリシーやアプリプライバシーポリシーの掲示場所を容易に認識できるようにする必要があります。

5　電気通信事業法施行規則22条の2の28第3項

2 Cookieポリシーの記載項目

　以下，113頁以降に掲載している，Cookieポリシーのひな形の記載項目について，項ごとに説明します。

　前述のとおり，Cookieポリシーとプライバシーポリシーを一体のものとして作成する方法も考えられますが，ひな形のCookieポリシーはプライバシーポリシーとは独立したポリシーとして作成しています。また，外部送信規律の適用がある場合を想定しているため，当該規律により通知・公表が求められる事項を含めているほか，ポリシーの名称も「外部送信情報の取扱いについて」としています。もっとも，外部送信規律が適用されない場合であっても，同様のひな形を使ってCookieポリシーを作成することは可能です。

　なお，このひな形は，Cookieについてのみ記載していますが，**第2章第1**に記載したとおり，外部送信に用いられる技術はCookieに限られません。例えば，アプリに組み込まれる情報収集モジュールも外部送信に用いられる技術です。このひな形では，ウェブサイトにおいて外部送信を行っている場合を想定していますが，アプリを提供する場合において，これらの技術を用いて外部送信を行うのであれば，ひな形の表現を調整する必要があります。

　また，アプリの場合には，スマートフォンにおいて取得されうる情報が多岐にわたり，かつ，個人の人格，思想，信条等につながりうる（必ずしも個人情報に限られない）利用者のプライバシーに関する情報がアプリを通じて自動的に取得されるというスマートフォンの特性を踏まえて，利用者の情報全般に関するプライバシーポリシーを，アプリごとに作成することが推奨されている点にも留意が必要です。

⑴　外部送信情報（ひな形 1 項）

ア　外部送信とは（ひな形 1 項 1 号）

　外部送信とは，利用者のパソコンやスマートフォン等の端末に記録された当該利用者に関する情報を，当該利用者以外の者のウェブサーバ等に送信することをいいます。これまで本書で説明してきたように，ウェブサイトや，スマートフォンアプリ等の閲覧・利用を通じて提供されるサービスにおいては，利用者がウェブサイトや，スマートフォンアプリ等を閲覧・利用する際に，ウェブサイトに埋め込まれたタグや，アプリに組み込まれている情報収集モジュールといったプログラムが利用者の端末に送信され，そのタグやプログラムの働きにより，利用者情報の外部送信が行われています。電気通信事業法の外部送信規律は，利用者の端末から外部に情報を送信するよう指令するプログラム等を利用者の端末に送信する行為全般を規制するものであるところ，このような行為を行っていれば，Cookieを利用していなかったとしても規律対象となる点に留意が必要です。

　外部送信される利用者情報は，Cookieや広告識別子等の識別子，閲覧履歴・行動履歴等幅広く，外部送信先における利用者情報の用途も種々様々です。

　このような利用者情報の外部送信は，利用者が認識しないまま生じる点に，その特徴があります。このような特徴があることから，利用者のプライバシー保護の観点から，外部送信に関して利用者自ら確認できる機会を付与することが適切であり，電気通信事業法の外部送信規律が制定されました。そのため，ひな形においては，Cookieに関する説明を行う前に，まずは外部送信全般についての説明を行っています。

イ　Cookie（ひな形 1 項 2 号）

　この項目では，外部送信のために利用している技術の説明を行っています。ひな形では，Cookieに関する説明のみを「(i)　Cookieとは」として行ってい

ますが，Cookie以外の技術を用いている場合（例えば，アプリにおいて情報収集モジュールによる外部送信を行っている場合）には，別途，(ii)以下として，当該技術の説明を行うことになります。

⑦ Cookieとは

　Cookieの仕組みについて利用者に説明するための項目です。Cookieのような技術に馴染みがないユーザーであっても，Cookieとはどのようなものかを理解することができるよう，説明しています。丁寧かつわかりやすい説明が求められる一方で，冗長な説明になることは避けたいところです。バランスが難しいですが，ひな形では，ウェブサーバやブラウザといったインターネットに関する基本的な用語や仕組みをユーザーが理解していることを前提とした説明としています。

④ Cookieの無効化

　本節①(3)に記載したとおり，外部送信規律に対応する方法はいくつかあるところ，本書においては，通知・公表によって対応することを前提としています。この場合，外部送信規律における法定の事項を利用者が容易に知りうる状態に置くことを前提に作成され，必要な記載事項を網羅したCookieポリシーが適切に公表されている限り，オプトアウトに関する記載を行うことは必須ではありません。もっとも，本節①(3)アで説明したとおり，必要事項を利用者に通知し，または利用者が容易に知りうる状態に置く場合においても，オプトアウト措置の有無に関する記載を行うことが望ましいとされています。

　そこで，ひな形1項(2)(ii)では，Cookieを無効にする方法について記載しています。第1章第4で説明したとおり，Cookieを無効化するための仕組みとしては，(i)ブラウザの設定によるコントロール，(ii)ウェブサービス事業者が提供するコントロールの手段，(iii)ウェブサイト運営者が提供するコントロールの手段（CMPを利用したコントロール），(iv)業界団体によるコントロールという4種類がありますが，(i)が「ア　すべてのCookieを無効にする」に対応し，(ii)が

「イ　特定のCookieを無効にするまたは制限する」に対応します。また，CMP
や業界団体によるコントロールを導入している場合は，その仕様・仕組みにつ
いてCookieポリシー内で説明することが考えられます。

⑵　当社による外部送信情報の利用（ひな形2項）

　外部送信規律は，利用者以外の者の電気通信設備を送信先とする情報送信指
令通信を行おうとする際の規制であり，この「利用者以外の者の電気通信設
備」には，通信の相手方となっている第三者のサーバだけでなく，ウェブサイ
トの運営者やアプリの提供者といった当該電気通信役務を提供する電気通信事
業者のサーバも含まれます。

　そのため，当該電気通信役務を提供する電気通信事業者に対する利用者情報
の送信についても，適用除外に該当しない限り，後述する通知・公表が必要な
事項を記載する必要があります。

　この点，電通分野ガイドライン解説によれば，電気通信役務を提供する電気
通信事業者に送信される情報は，原則として「真に必要な情報」に該当し，外
部送信規律の適用除外に該当すると考えられているため[6]，ひな形においては，
電気通信役務を提供する電気通信事業者に送信される情報に関して，外部送信
規律に対応する必要がないことを前提にしています。

　もっとも，利用者が当該電気通信役務を利用する際に必ずしも必要がなく，
一般の利用者から見て送信されることが通常想定できない情報や，通常想定で
きない利用目的で利用される情報については，「真に必要な情報」には該当し
ないと考えられるため，このような場合に該当するのであれば，外部送信規律
に対応する必要がある点にご留意ください。

⑶　第三者企業による外部送信情報の利用（ひな形3項）

　外部送信規律の適用対象となった場合には，本節①⑶アに記載したとおり，

6　電通分野ガイドライン解説7-4-1-1

あらかじめ，以下の事項を利用者に通知し，または利用者が容易に知りうる状態に置かなければならないとされています。

【通知・公表が必要な事項】

①	送信されることとなる当該利用者に関する情報の内容
②	①の情報の送信先となる電気通信設備を用いて当該情報を取り扱うこととなる者の氏名または名称
③	①の情報の利用目的

　また，本章第1の③(2)エ(ウ)a に記載したとおり，これらの事項は，ウェブページやアプリケーションに埋め込まれたタグや情報収集モジュールごとに記載する必要があります。ただし，情報送信指令通信が行われるたびに通知等する必要はなく，ウェブサイト単位でまとめて表示すること等も考えられるとされています[7]。

　以上を踏まえて，ひな形においても，ウェブサイト単位で表を作成することにより，外部送信規律に対応しています。

　また，本章第1の③(2)カ(ア)に記載したとおり，外部送信される情報には，利用者が電気通信役務を利用する際に送信をすることが必要な情報等が含まれます。このような情報は，利用者が当該電気通信役務を利用している以上，その送信が一般的な利用者にとって想定できるものであり，利用者の判断を経る必要性が低いと考えられるため，外部送信規律の適用除外として，確認の機会の付与は義務づけられません。適用除外となる情報の詳細については，第1の③(2)カをご参照ください。

7　1つのウェブサイトのドメインに複数の対象役務が存在している場合，まとめて表示することも可能ですが，まとめて表示する対象役務ごとに，通知等すべき事項に差異があるのであれば，当該差異がわかるようにする必要があるとされています（電通法パブコメ回答（令和5年）55頁）。

ア　送信されることとなる当該利用者に関する情報の内容

　本章第1の③(2)エ(ア)に記載した，送信される情報を具体的に列挙することなく，「等」や「その他」等のあいまいな表現を安易に使用することは避けるなど，利用実態および利用者の利便に合わせて適切に記載されることが望ましいとされています。具体的な記載粒度としては，事案ごとに判断されることとなりますが，例えば，「ウェブサイト閲覧履歴」，「サービス購入履歴」，「商品購入履歴」等のような記載粒度で問題ないとされています[8]。

　ひな形では，「外部送信される情報」という項目を設けています。また，ひな形の記載例では，ガイドライン案の記載を踏まえて，送信される情報を具体的に列挙し，「等」や「その他」等のあいまいな表現を安易に使用することは避けています。

イ　送信先となる電気通信設備を用いて当該情報を取り扱うこととなる者の氏名または名称

　送信されることとなる当該利用者に関する情報の送信先として，当該情報を取り扱う者の氏名または名称を記載することが必要となり，本章第1の③(2)エ(イ)に記載した，サービス名のほうが認知されやすい場合にはサービス名等を併記することが望ましいとされています。

　ひな形では，「送信先の事業者名」という項目を設けています。また，ガイドラインに記載の内容を踏まえて，「送信先のサービス名」の項目も設けています。

ウ　送信する情報の利用目的

　送信する情報の利用目的は，本章第1の③(2)エ(ウ)に記載したとおり，①情報送信指令通信を行う事業者の利用目的および②情報送信指令通信に基づく利用

8　電通法パブコメ回答（令和5年）54頁

者に関する情報の送信先となる者の利用目的のいずれも記載する必要があります。具体的な記載粒度としては，事案ごとに判断されることとなりますが，例えば，「当社の商品やサービスの運用・向上，新商品や新サービスの企画，アンケート調査その他マーケティング分析のため」，「お客さまにお勧めする商品・サービス・コンテンツ等のご案内のため」，「お客さまに適した当社および他社の広告の表示・配信のため」といった記載粒度で問題ないとされています。ただし，利用者に関する情報から，当該利用者に関する行動・関心等の情報を分析する場合，どのような取扱いが行われているかを当該利用者が予測・想定できる粒度で利用目的を記載しなければならないとされていることに留意が必要です[9]。

ひな形では，まず，情報送信指令通信を行う事業者の利用目的として，「当社の利用目的」という項目を設けています。また，送信先となる者の利用目的も記載する必要があるため，「送信先の利用目的」という項目を設けています。

エ　記載が望ましいとされている事項

必要的記載事項とされている前述ア～ウ以外にも，オプトアウト措置の有無，送信される情報の送信先における保存期間，情報送信指令通信を行う事業者における問い合わせ先については，利用者に通知等することが望ましいとされています。

ひな形においても，「オプトアウト」に関する項目を設け，送信先事業者がオプトアウト手段を提供している場合には，リンクを掲載することとしています。

また，情報送信指令通信を行う事業者における問い合わせ先については，(5)で後述するとおり，ひな形5項で記載しています。

その他，送信される情報の送信先における保存期間や，利用者に関する情報がどの国・地域に送信されることとなるかなどについては，外部送信規律に対

9　電通法パブコメ回答（令和5年）54-55頁，58-59頁

応する上で通知等することが必須な事項ではないものの，必要に応じてCookieポリシーに記載することも考えられます。

⑷　Googleアナリティクス（ひな形４項)

　サービスによっては，そのサービスの利用規約で一定の事項の記載が求められている場合があります。例えば，Googleアナリティクスはその一例です。他にも，利用しているサービスにおいて，利用規約上の定めがないか確認することが必要です。

　Googleアナリティクスとは，Googleが提供するアクセス解析ツールであり，ウェブサイトの利用者のサイトやアプリがどのように使われているかを把握し，広告の運用ならびにデータの探索，収集および管理等を行うことで，効率的なウェブマーケティングを図るためのツールです[10]。

　Googleアナリティクスの利用者は，「Cookie……またはデータの収集に使われる類似技術の使用」および「Googleアナリティクスの使用と，Googleアナリティクスでデータが収集および処理される仕組み」について通知・開示する必要があり（Googleアナリティクス利用規約７項)，Cookieポリシーの記載を検討する際はGoogleの要請に沿っているか確認が必要となります。もっとも，これらの事項については，「『Googleのサービスを使用するサイトやアプリから収集した情報の Google による使用』のサイト（www.google.com/policies/privacy/partners/や，Googleが随時提供するその他のURL）へのリンクを目立つように表示することで開示」できるとされています（同項)。

　そこで，ひな形では，収集情報の使用に関するGoogleのウェブサイトのリンクを引用することにより，Googleアナリティクスにおいて求められる記載事項を，Cookieポリシーの記載に盛り込むこととしています。

10　Googleマーケティングプラットフォームのウェブサイト（https://marketingplatform.google.com/intl/ja/about/analytics/)

⑸ 外部送信情報やCookieの取扱いに関するお問い合わせ（ひな形5項）

ア　苦情処理体制の構築

　個人情報保護法上，個人情報取扱事業者は個人情報の取扱いに関する適切かつ迅速な処理に努めなければならず[11]，また，保有個人データの取扱いに関する苦情の申出先を本人の知りうる状態に置かなければならないとされています[12]。

　このため，実務上は，プライバシーポリシーにおいて苦情処理窓口に関する記載を置くことが一般的です。他方で，Cookie情報は個人情報に該当しない場合が多く，また，個人情報に該当する場合には苦情処理窓口の記載があるプライバシーポリシーの適用を受けることとなるため，Cookieポリシーにおいて重ねて苦情処理窓口を記載することは必須ではありません[13]。

　しかし，個人情報に該当するか否かにかかわらずCookie情報の取扱いが利用者のプライバシーに影響を及ぼすことを踏まえれば，お問い合わせ窓口をCookieポリシーにも記載し，これをホームページ[14]に掲載する等により公開しておくことは，利用者との信頼関係を構築し事業活動に対する社会の信頼を確保する上で重要であると考えられます。また，情報送信指令通信を行う事業者における問い合わせ先を通知し，または利用者が容易に知りうる状態に置くことが望ましいとされています[15]。そこで，ひな形5項では，お問い合わせ窓口を記載しています。

　なお，Cookie情報の取扱いに関する苦情処理窓口の設置は，法的義務として

11　個人情報保護法32条1項4号，個人情報保護法施行令10条3号
12　個人情報保護法40条1項
13　筆者が確認したところによると，Cookieポリシーを策定している各社において，Cookie情報に関する問い合わせ先を記載しているのは少数にとどまるようです。
14　アプリの場合は，利用時に最初に表示される画面または当該画面から容易に到達できる画面においてアプリプライバシーポリシーを表示すること等が想定されます。
15　電通分野ガイドライン解説7-3-2

要求されているものではないため，プライバシーポリシーに記載している個人情報に関するお問い合わせ窓口と別の問い合わせ先を設置するまでの必要はなく，これと同一の問い合わせ先をCookie情報の取扱いに関する苦情処理窓口として差し支えないと考えます。

イ　具体的な記載内容

　苦情の申出先に関する具体的な記載内容としては，①苦情を受け付ける担当窓口名・係名，②郵送用住所，③受付電話番号・メールアドレス等が挙げられます。もっとも，問い合わせ窓口の設置が法令上の義務ではない以上，特定の連絡方法が法定されているわけではありませんので，サービスの特性に応じて，利用者が実質的にアクセス可能な手段であれば，連絡方法を指定または限定しても差し支えありません。Cookie情報に関する問い合わせ窓口については，その性質上，インターネットサービスの利用者が対象として想定されており，利用者にとってインターネットによるアクセスは実質的に可能といえますので，ウェブサイト上に設定したお問い合わせ専用フォームや電子メールなどの方法の案内を行えば，郵送や電話によるお問い合わせ窓口を設ける必要はないと考えられます。受付時間を限定したり，祝日や指定休業日を除外したりすることは問題ありませんが，できるだけ受付日時を開示しておくことが望ましいと思われます。

外部送信情報の取扱いについて

1．外部送信情報
（1）外部送信とは

　お客様が当社のウェブサイトを閲覧すると，お客様のパソコンやスマートフォン等の端末に記録されたお客様に関する情報が，当社や，当社があらかじめ承認した第三者企業に送信されることがあります（以下「外部送信」といいます。）。このような外部送信に関しては，Cookieという技術が使用されることがあります。

（2）Cookie
（ i ）Cookieとは

　Cookie（クッキー）とは，お客様がウェブサイトを閲覧した際に，ウェブサーバとお客様の端末のインターネット閲覧ソフト（ブラウザ）との間でやり取りされ，お客様の端末に保存される，小さなファイルです。たとえば，お客様がウェブサイトを訪問した際にCookieの中に識別子（Cookie ID）を書き込んでおくことで，同じ端末から再度アクセスがあった際に，この識別子を参照してお客様のブラウザを識別することができます。Cookieに保存された情報をブラウザが当社や第三者企業に外部送信することで，当社や第三者企業はお客様のサイト閲覧履歴等の情報を知ることが可能となります。

（ ii ）Cookieの無効化
ア　すべてのCookieを無効にする

　　お客様は，ブラウザの設定により，全部または一部のCookieをブロックしたり，Cookieの削除をしたりすることができます。この場合，ウェブサイトで利用できる機能が制限される可能性や，一部のページが正しく表示されなくなる可能性がありますのでご了承ください。ブラウザの設定を変更する方法については，各ブラウザのサービス提供元へご確認ください。

イ　特定のCookieを無効にするまたは制限する

　　お客様は，下記「3．第三者企業による外部送信情報の利用」のリンク先に記載されている各事業者のオプトアウトページより，各事業者の定める方法に従って設定を変更することにより，お客様に関する情報の外部送信を停止し，または送信された情報の利用停止または制限を行うことができます。

2．当社による外部送信情報の利用

　当社が管理するウェブサイトにおいては，お客様のログイン状態を保ったり，ウェブサイトの設定を記憶したり，ウェブサイトの利用状況を分析したりするために，お客様の情報を利用しています。また，当社は，インターネット上でお客様の興味関心に応じた広告を配信したり，広告配信の効果を分析したりするためにも，お客

様の情報を利用しています。お客様の情報が個人情報に該当する場合には，当社プライバシーポリシーに従って取り扱います。

３．第三者企業による外部送信情報の利用

　当社は，第三者企業が提供する広告配信サービスや行動ログ分析ツール等を利用しています。お客様が当社のウェブサイトを閲覧すると，以下の表のとおり，お客様のパソコンやスマートフォン等の端末に記録されたお客様に関する情報が，これらの第三者企業に送信されることがあります。

　各第三者企業によるCookie等の利用を制限する方法については，以下の表における「オプトアウト」をご確認ください。

（１）○○ウェブサイト

送信先の サービス 名	送信先の 事業者名	外部送信される 情報	当社の利 用目的	送信先の利用 目的	オプトア ウト	プライバ シーポリ シー等
○○	○○社	Cookie ID, ウェブサイト閲覧履歴，IPアドレス，ブラウザの種類・バージョン	お客様の興味関心に応じた広告の配信	広告主や広告配信先のウェブサイトから収集した情報を統合し，お客様の興味関心に応じた広告を配信するために利用します。	こちら	こちら
△△	△△社	Cookie ID, ウェブサイト閲覧履歴，IPアドレス，ブラウザの種類・バージョン	広告の効果の測定	広告効果を測定し，広告主等に提供するために利用するほか，社内の研究開発のために利用します。	こちら	こちら

（2）○○ウェブサイト

送信先の サービス 名	送信先の 事業者名	外部送信される 情報	当社の利 用目的	送信先の利用 目的	オプトア ウト	プライバ シーポリ シー等

4．Googleアナリティクスについて

　当社は，Googleが提供するGoogleアナリティクスを使用しております。Googleが当社またはGoogleの設定するCookieをもとにしてお客様の閲覧履歴を収集し，分析した結果を，当社が受け取り，当社がその結果をお客様の利用状況の把握や，当社のサービスに利用する場合があります。GoogleによるGoogleアナリティクスにおけるデータの取扱いについては，同社のサイトをご覧ください。

　「Googleのサービスを使用するサイトやアプリから収集した情報のGoogleによる使用」https://policies.google.com/technologies/partner-sites

5．外部送信情報やCookieの取扱いに関するお問い合わせについて

　外部送信情報やCookieの取扱いに関するご意見，ご質問その他のお問い合わせについては，下記の窓口までご連絡ください。

　住所：東京都○○区○○1-1-1
　e-mail：XXXX@yyy.gr.jp
　電話番号：0120-00-0000
　（受付時間：9：30～17：00　土日祝日を除きます。）

第4章

EU・英国および米国における
Cookie関連規制

第1 EU・英国におけるCookie関連規制と必要な対応

1 規制内容

(1) EU・英国におけるCookie関連規制の概要

ア EU

(ア) eプライバシー指令の概要

EUにおけるCookieに関連する規制としては，まず，eプライバシー指令が挙げられます。

eプライバシー指令とは，電子通信分野における個人データの処理とプライバシーの保護に関する指令（プライバシーと電子通信に関する指令）[1]であり，その中で，Cookieの利用に関する規制を定めています。具体的には，eプライバシー指令は，Cookieによってユーザーの情報を収集する場合，原則として明確かつ包括的な情報を提供した上で同意を得る必要があります（5条3項）。

(イ) GDPRの概要

EUにおけるCookieに関連する規制としては，次に，GDPRが挙げられます。

GDPRとは，個人データの処理に関する自然人の保護および当該データの自由な移動に関する規則（一般データ保護規則）であり[2]，Cookieによって収集

1　Directive 2002/58/EC of the European Parliament and of the Council of 12 July 2002 concerning the processing of personal data and the protection of privacy in the electronic communications sector (Directive on privacy and electronic communications)

2　Regulation (EU) 2016/679 of the European Parliament and of the Council of 27 April 2016 on the protection of natural persons with regard to the processing of personal data and on the free movement of such data, and repealing Directive 95/46/

した情報が個人データに該当する場合，その処理に関するルールが適用されます。例えば，Cookieによって収集した情報が個人データに該当する場合，ウェブサイトの運営者は，その処理の適法化根拠を確保しなければならないこと（6条1項），データ主体に情報提供をしなければならないこと（13条）および国際移転のルールを遵守しなければならないこと（44条〜49条）等の義務の対象となります。

(ウ) eプライバシー指令とGDPRの関係性

eプライバシー指令は，GDPRと同様の事項を対象としているルールについては，GDPRに優先されます（eプライバシー指令1条2項および前文10項，GDPR95条および前文173項）。GDPRとeプライバシー指令は，一般法と特別法の関係になっており，特別法であるeプライバシー指令が一般法であるGDPRのルールについてより具体的な規定を定めている場合，その規定は特別法としてGDPRに優先し，そのような規定が定められていない場合，個人データの処理にGDPRの規定が適用されます[3]。例えば，Cookieの端末への保存や保存された情報へのアクセスに係る同意の取得についてはeプライバシー指令の規制が優先されるものの，取得後に行われる個人データの処理についてはGDPRの規定が適用されます。

(エ) EU法における「規則」と「指令」

EU法においては，規則（regulation）と指令（directive）という法形式があります。「規則」は，EU加盟国において国内法を定めずとも，すべてのEU加盟国の事業者や個人に直接適用され効力をもちます。他方，「指令」は，EU加盟国を拘束するのみであり，EU加盟国の事業者や個人に適用されるためには，

EC (General Data Protection Regulation)

3 EDPB, *Opinion 5/2019 on the interplay between the ePrivacy Directive and the GDPR, in particular regarding the competence, tasks and powers of data protection authorities*, para 38

各EU加盟国が指令に従った国内法を定める必要があります[4]。

GDPRは「規則」，eプライバシー指令は「指令」という法形式で立法されています。そのため，GDPRは，ただちにEU加盟国の事業者や個人に適用されますが，eプライバシー指令が直接適用されることはなく，EU加盟国がeプライバシー指令に従って制定した国内法が適用されることになります。

イ 英 国

(ア) PECRの概要

英国は，EUからの離脱後もEU法に基づいて制定された国内法の多くを存続させており，その中の1つがPECR（プライバシーと電子コミュニケーションに関する規則）[5]です。PECRは，eプライバシー指令に基づいて制定された英国法であり，eプライバシー指令と基本的に同様のルールを有しています。具体的には，Cookieによってユーザーの情報を収集する場合に原則として同意が必要であるというルールを定めています（6条）。

(イ) UK GDPRの概要

UK GDPR[6]は，EU離脱の時点で英国において国内法化されたEU法の1つです。本書執筆時点では，UK GDPRは，GDPRに技術的な修正を加えた上で英国の国内法にしたものであり，GDPRと基本的に同様のルールを定めています。

(ウ) PECRとUK GDPRの関係

PECRとUK GDPRの関係は，eプライバシー指令とGDPRの関係と同様であ

---

4 EUの機能に関する条約288条
5 The Privacy and Electronic Communications (EC Directive) Regulations 2003
6 Regulation (EU) 2016/679 of the European Parliament and of the Council of 27 April 2016 on the protection of natural persons with regard to the processing of personal data and on the free movement of such data (United Kingdom General Data Protection Regulation)

り，英国のデータ保護機関（Information Commissioner's Office，以下「ICO」といいます）は，特別法であるPECRが一般法であるUK GDPRに優先して適用されると説明しています[7]。

【コラム⑤】GDPRやeプライバシー指令における各国の国内法・ガイドラインを踏まえた対応の必要性

GDPRやeプライバシー指令は，各国の国内法・ガイドラインによってそのルールに違いが生じているため，厳密には，すべてのEU加盟国および英国の国内法を踏まえた対応が必要となります。しかし，実際には，各国の国内法・ガイドラインをすべて把握して対応することが常にできるわけではないため，リスクベースのアプローチを取らざるをえない場合もあります。そのようなアプローチをとる場合には，例えば，事業の規模や範囲，違反の重大性や執行リスク等の事情を考慮して，どの程度厳密な対応をするかを個別に検討することになります。

⑵　eプライバシー指令（Cookie関連規制部分）

ア　eプライバシー指令の適用範囲

eプライバシー指令の適用範囲は，EU域内の公衆通信ネットワークにおける公に利用可能な電子通信サービスの提供とされています（3条1項）。その適用対象が「公に利用可能な」と規定されているため，例えば，閉鎖的なユーザーグループや企業のイントラネット等の私的なネットワークには原則として適用されません[8]。また，IoT機器が公に利用可能なネットワークに直接接続している場合（例えば，Wi-FiやSIMカードを利用する場合）は，eプライバ

7　ICO, *Guidance on the use of cookies and similar technologies / How do the cookie rules relate to the GDPR?*
8　European Commission, *COMMISSION STAFF WORKING DOCUMENT - Ex-post REFIT evaluation of the ePrivacy Directive 2002/58/EC*, page 21

シー指令の適用対象に含まれますが，公に利用可能なネットワークに直接接続
しておらず，デバイス間の通信のみを行っている場合（例えば，Bluetooth通
信の場合），eプライバシー指令の適用対象外となります[9]。

　eプライバシー指令は，EU域外の企業に適用されるかについて明確な規定
を置いていません。一般論としては，eプライバシー指令は，EU域内でネッ
トワークまたはサービスを提供している限り，EU域外の企業に適用される可
能性があります[10]。eプライバシー指令に基づくCookie関連規制については，
EU域内の公衆通信ネットワークを利用するデータ主体の端末機器に存在する
情報を保存し，または保存されている情報へアクセスする場合には，EU域外
の企業に適用される可能性があると考えるべきでしょう[11]。

イ　eプライバシー指令における同意取得義務

㋐　eプライバシー指令の規定

　eプライバシー指令5条3項は，契約者または利用者の端末機器に情報を保
存し，または保存された情報へアクセスすることは，原則として，当該契約者
または利用者が明確かつ包括的な情報を提供された上で同意をした場合に限り
許容されると定めています（なお，PECR6条も同様の規定を定めており，以
下におけるeプライバシー指令5条3項の説明は，PECRにも同様に当てはま
ります）。例えば，ウェブサイトの運営者がウェブサイトの訪問者のパソコン
にターゲティング目的でCookieを設置する場合，原則として同意を得ることが
求められることになります。

㋑　「契約者または利用者」

　eプライバシー指令のCookie関連規制は，「契約者または利用者」の端末機

9　European Commission, *Guidelines 2/2023 on Technical Scope of Art. 5（3）of
ePrivacy Directive*, paras 56-60
10　European Commission, *ePrivacy Directive - assessment of transposition,
effectiveness and compatibility*, page 30
11　Article 29 Working Party, *Opinion 2/2010 on online behavioural advertising*
（"Behavioural Advertising Opinion"）, footnote 25

器が対象になると定めています。

「契約者」（subscriber）とは，契約の当事者である自然人および法人を指しています（1条2項，前文12項）。サービス提供者との間の契約は，定期的なものでも一度限りのものでも構いません（前文13項）。「利用者」（user）は，公に利用可能な電子通信サービスを利用する自然人をいい，そのようなサービスについて契約を締結していなくても構いません（2条(a)号）。

(ウ)　「端末機器に情報を保存し，または保存された情報へアクセスする」

eプライバシー指令のCookie関連規制は，「端末機器に情報を保存し，または保存された情報へアクセスする」場合に適用されると定めています。

Cookieは，ここでいう「情報」に該当するため，ユーザーの端末機器にCookieを保存することと，情報にアクセスするために過去に保存されたCookieを使用することは，いずれもeプライバシー指令のCookie関連規制の対象となります[12]。また，この規制は技術的に中立な規定であるため，Cookieだけでなく，端末機器に保存された情報を保存したりアクセスしたりするために用いられるその他の技術（スパイウェア，マルウェア等）にも適用されます[13]。さらに，この規制は，ある当事者によって保存された情報が，後に別の当事者によってアクセスされた場合も適用されるため，例えば，デバイスフィンガープリンティング（デバイスの動作環境の特徴等の情報をフィンガープリント（指紋）のように手掛かりにしてネット上の行動を追跡する技術）も対象となります[14]。

(エ)　「明確かつ包括的な情報」

eプライバシー指令のCookie関連規制は，「明確かつ包括的な情報」を提供した上で同意を得なければならないと定めています。

12　Behavioural Advertising Opinion, page 8
13　Behavioural Advertising Opinion, footnote 20
14　Article 29 Working Party, *Opinion 9/2014 on the application of Directive 2002/58/EC to device fingerprinting*, page 8

「明確かつ包括的な情報」とは，ユーザーが同意することによる結果を容易に判断でき，同意が十分に情報を得てなされたものになることを確保することを含意しており，その情報は，ユーザーがCookieの機能を把握できるように，明瞭に理解可能であって，十分に詳細でなければなりません[15]。

　eプライバシー指令5条3項は，「明確かつ包括的な情報」にデータ処理の目的が含まれることを明示的に言及しています。また，同項は，GDPRの旧法であるデータ保護指令[16]に従うことにも言及しており，この情報には，管理者の身元やデータの受領者またはそのカテゴリなどの追加情報が含まれることが示されています[17]。さらに，この情報には，Cookieの運用期間と第三者がこれらのCookieにアクセスできるか否かが含まれると解されています[18]。

　この情報の提供方法については，「可能な限りユーザーフレンドリー」であることが要求されています（前文25項）。そのため，最低限の情報を画面上で直接，インタラクティブに，容易に見え，理解できるように提供すべきとされています[19]。例えば，この情報は，一般的な条件またはプライバシーポリシーの中に隠されてはなりません[20]。

㈵　「同意」

　eプライバシー指令のCookie関連規制は，端末機器に情報を保存し，または保存された情報へアクセスすることに原則として「同意」が必要であると定めています。

　eプライバシー指令の「同意」は，GDPRの同意の定義を参照することとさ

15　Case C-673/17, Bundesverband der Verbraucherzentralen und Verbraucherver-bände - Verbraucherzentrale Bundesverband eV v Planet49 GmbH（"Planet49 Judg-ment"）, ECLI:EU:C:2019:801, para 74
16　Directive 95/46/EC of the European Parliament and of the Council of 24 October 1995 on the protection of individuals with regard to the processing of personal data and on the free movement of such data
17　Planet49 Judgment, para 77
18　Planet49 Judgment, para 81
19　Behavioural Advertising Opinion, page 18
20　前掲注19と同じ。

れています（eプライバシー指令2条(f)号，GDPR94条2項）。GDPRの同意は，自由に与えられ，特定され，事前に説明を受けた上での，不明瞭ではない，データ主体の意思の表示を意味します（GDPR4条11号）。詳細については，後述の(3)オをご参照ください。

ウ　eプライバシー指令の同意取得義務の例外

㋐　eプライバシー指令の規定

　eプライバシー指令においては，以下のいずれかに該当する場合には，例外として同意取得が不要となります。

・電気通信ネットワークを介した通信の送信を行うことを唯一の目的とした技術的な保存またはアクセスの場合（以下「通信の例外」といいます）
・明示的に要求した情報社会サービスの提供者がサービスを提供するために厳密に必要とされる場合（以下「厳密な必要性の例外」といいます）

㋑　通信の例外

　通信の例外は，Cookieを使用して実施できる処理の種類が具体的に制限されているため，この例外を適用できる場面はあまり多くはありません。具体的には，以下のCookieがこの通信の例外に該当しうるとされています[21]。

21　Article 29 Working Party, *Opinion 04/2012 on Cookie Consent Exemption*（"Cookie Exemption Opinion"），3.5

【「通信の例外」に該当するCookie】

Cookie名	説明	例外
「負荷分散」Cookie（"Load balancing session" Cookies）	ウェブサーバリクエストの処理を1台のマシンではなく，複数のマシンに分散するため，サーバを特定する目的で使用するCookieです。例えば，特定のサーバへのリクエストが集中すると，ウェブサイトに接続しにくくなるため，このCookieでサーバを特定して，ユーザーのリクエストを各サーバに均等に分散させます。	通信の例外に該当

(ウ) 厳密な必要性の例外

　厳密な必要性の例外は，Cookieを使用して実施できる処理の種類が限定されていないため，この例外を適用する場面は実務上多く存在します。具体的には，以下のCookieがこの厳密な必要性の例外に該当しうるとされています[22]。

【「厳密な必要性の例外」に該当するCookie】

Cookie名	説明	例外
「ユーザー入力」Cookie（"User-input" Cookies）	オンライン上のユーザーのデータ入力を一貫した方法で追跡するために使われるCookieをいいます。例えば，ショッピングサイトにおいて，ユーザーが「ショッピングカートに追加する」ボタンをクリックして選択した項目をウェブサイトの遷移後も追跡するために使用されます。	厳密な必要性の例外に該当

22　Article 29 Working Party, *Opinion 04/2012 on Cookie Consent Exemption* ("Cookie Exemption Opinion"), 3.1-3.4 and 3.6-3.7

「認証」Cookie ("Authentication" Cookies)	ログインしたユーザーを識別するためのCookieをいいます。例えば，ユーザーがオンラインバンキングのウェブサイトへのアクセスを継続している間，自らを認証し，口座の残高や取引の閲覧等にアクセスできるようにすることができます。	厳密な必要性の例外に該当 ただし，複数のブラウザセッションにまたがって認証トークンを保存する場合や，行動監視や広告など他の二次的な目的で使用する場合には非該当
「ユーザー中心のセキュリティ」Cookie ("User centric security" Cookies)	認証エラーや不正使用を検出するCookieをいいます。例えば，訪問者が不正なログイン情報を入力した場合，それを検出し，不正な入力が何回行われたかを記録するために使用されます。	厳密な必要性の例外に該当 ただし，このCookieをユーザーによって明示的に要求されていないウェブサイトや第三者のサービスのセキュリティについて使用する場合には非該当
「マルチメディアプレーヤー」Cookie ("Multimedia player session" Cookies)	映像または音声のコンテンツを再生するために必要な技術的なデータを保存するために使用されるCookieをいいます。例えば，映像または音声のコンテンツの画質，ネットワークのリンク速度，バッファリングパラメーターを記憶するために使用されます。	厳密な必要性の例外に該当
「ユーザーインターフェイスカスタマイズ」Cookie ("UI customization" Cookies)	ウェブページ全体の表示方法について，ユーザーの好みを保存するために使用されるCookieをいいます。例えば，多言語で提供されるウェブサイトにおいてユーザーが選択した言語を記憶するために使用されます。	厳密な必要性の例外に該当

| 「ソーシャル・プラグイン・コンテンツ共有」Cookie ("Social plug-in content sharing" Cookies) | ソーシャルプラグインとは，ソーシャルネットワーキングサービス（SNS）が，ウェブサイトのページ上に設置できるように提供しているボタン（プログラム，機能）のことをいい，「ソーシャル・プラグイン・コンテンツ共有」Cookieとは，SNSのアカウントのログイン情報をウェブサイト上で保持するために使われるCookieをいいます。例えば，ウェブサイトからFacebookに一度ログインをすると，ウェブサイトの遷移後もFacebookのログイン状態を追跡するために使用されます。 | 厳密な必要性の例外に該当
ただし，行動ターゲティング広告，分析，市場調査などの目的で使用する場合には非該当 |

　また，29条作業部会の意見書では，以下のCookieは，この厳密な必要性の例外に該当しないとされています[23]。

【「厳密な必要性の例外」に該当しないCookie】

Cookie名	説明	例外
「ソーシャル・プラグイン・トラッキング」Cookie ("Social plug-in tracking" Cookies)	「ソーシャル・プラグイン・トラッキング」Cookieとは，ソーシャルプラグインの設置されたページを訪問した履歴を追跡するために使用されるCookieをいいます。例えば，SNSのユーザーがブラウザ上においてSNSにログインしている状態でソーシャルプラグインの設置されたページを訪問した場合，当該ユーザーがソーシャルプラグインの設置されたページを来訪したという情報がSNSに送信され，SNSのユーザーのウェブサイト	厳密な必要性の例外に非該当

23　Article 29 Working Party, *Opinion 04/2012 on Cookie Consent Exemption* ("Cookie Exemption Opinion"), 3.1-3.4 and 3.6-3.7 4.1-4.3

	の訪問履歴を収集するために使用されます。	
「サードパーティ広告」Cookie ("Third party advertising" Cookies)	「サードパーティ広告」Cookieとは，ユーザーが訪問しているウェブサイトとは異なるドメインから発行され，広告配信やその効果測定のために使用されるCookieのことをいいます。例えば，第三者であるサービスプロバイダーにおいて，リターゲティング広告の配信やその効果測定，レポーティング等ができるようにするために使用されます。	厳密な必要性の例外に非該当
「分析」Cookie ("Analytics" Cookies)	「分析」Cookieとは，オンラインサービスの訪問者がそのサービスにどのようにアクセスしているかについての情報を収集するために使用されるCookieをいいます。例えば，ウェブサイトを利用するユーザーの数，サイトに滞在する時間，サイトのどの部分を訪問したかなどの情報を収集するために使用されます。	厳密な必要性の例外に非該当 ただし，EU加盟国によっては該当すると解釈される場合もある。

(エ) CookieポリシーにおけるCookieの分類

　Cookieポリシーにおいては，これまで述べた e プライバシー指令の同意取得義務の例外を踏まえ，Cookieを分類して，それぞれについて説明をすることになります。実務上は，Cookieを以下のとおり 4 種類に分類することが考えられます[24]。

---

① 厳密に必要なCookie（strictly necessary cookies）
② パフォーマンスCookie（performance cookies）
③ 機能性Cookie（functionality cookies）

24　ICC United Kingdom, *ICC UK Cookie guide*, pages 7-9

④ ターゲティングまたは広告Cookie（targeting cookies or advertising cookies)

　上記①の「厳密に必要なCookie」の分類は，厳密な必要性の例外に該当するCookieを指すため，ｅプライバシー指令に基づく同意を得る必要はありません。これに対して，上記②～④の「パフォーマンスCookie」，「機能性Cookie」および「ターゲティングまたは広告Cookie」の分類は，ｅプライバシー指令の例外に該当しないため，同意を得る必要があります。各分類の具体例などについては，**第1章第3の「Cookieの利用目的による分類例」**をご覧ください。

エ　ｅプライバシー規則案

　ｅプライバシー規則案とは，電気通信における私生活の尊重および個人データの保護に関する規則案（プライバシーおよび電気通信に関する規則案)[25]であり，現行法であるｅプライバシー指令を置き換える法案です。この法案は，2019年1月10日に欧州委員会に提案され，本書執筆時点において，EUの立法機関において審議されています。

　ｅプライバシー規則案では，Cookieによってユーザーの情報を収集する場合に原則として同意が必要であるという現行法のルールには変更はありませんが，欧州委員会が提案したバージョンでは，主に以下の点で現行のCookie関連規制と違いがあります。

・「指令」から「規則」というEU加盟国の事業者や個人等に直接適用される法形式に変わること

25　Proposal for a REGULATION OF THE EUROPEAN PARLIAMENT AND OF THE COUNCIL concerning the respect for private life and the protection of personal data in electronic communications and repealing Directive 2002/58/EC (Regulation on Privacy and Electronic Communications)

> ・ウェブ視聴者の測定に必要な場合という例外が追加（ただし，エンドユーザー
> が要求した情報社会サービスの提供者によって実施される場合のみ）
> ・プライバシー設定に関する情報および選択肢の提供の義務を追加（ただし，最
> 新版のeプライバシー規則案では削除）

⑶　EU/UK GDPR

ア　個人データ（GDPR4条1号）

㋐　概　要

　GDPRにおける「個人データ」とは，識別された自然人または識別可能な自然人に関する情報を意味します。「識別可能な自然人」とは，直接的であるか間接的であるかを問わず，「識別子」を参照することによって，または身体的，生理的，遺伝的，精神的，経済的，文化的または社会的な同一性を示す要素を参照することによって，識別されうる者をいいます。なお，個人データから識別された，または識別可能な自然人は，「データ主体」と呼ばれます。

㋑　Cookieとの関係

　GDPR4条1号では，この「識別子」の例としてオンライン識別子が列挙されており，オンライン識別子については，GDPR前文30項において，"cookie identifiers"（Cookie ID）が例示として列挙されています。また，GDPR前文28項では，識別可能性の判断において，第三者によって用いられる合理的な可能性のあるすべての手段を用いることができるとしており，Cookie IDと第三者の保有する情報を組み合わせて識別可能性を判断できることが示されています。この点について，欧州司法裁判所も，識別可能性を広く解釈しています[26]。そのため，GDPRにおいては，Cookie IDは単体で，または第三者の情報との

26　Case C-582/14, Patrick Breyer v Bundesrepublik Deutschland, ECLI:EU:C:2016:779, paras 45-49

組み合わせによって識別可能性を満たし，個人データに該当する可能性が高いといえます。

イ　管理者・共同管理者

㋐　概　要

　GDPRでは，個人データの取扱主体の法的性質によって，課される義務も異なってきます。管理者（controller）とは，自然人または法人，公的機関，部局またはその他の組織であって，単独でまたは他の者と共同で，個人データの処理の目的および方法を決定する者をいいます。「管理者」該当性は実質的に判断され，GDPRの多くの義務は，この管理者を対象にしています。

　また，二者以上の管理者が共同して処理の目的および方法を決定する場合，それらの者は，共同管理者（joint controllers）となります。共同管理者は，データ主体の権利の行使に関する義務や，データ主体に対する情報通知等について，相互に協定を締結の上，対応する必要があります。

　処理者（processor）とは，管理者の代わりに個人データを処理する自然人もしくは法人，公的機関，部局またはその他の組織をいいます。処理者に対しては，GDPRの一部の義務のみが適用されます。管理者は，処理者を利用して個人データを処理する場合，処理者との間でデータ保護契約を締結するなどの義務を負います。

㋑　Cookieとの関係

　企業がそのウェブサイト上で自社が発行したCookieによって訪問者の情報を収集する場合，当該企業は個人データの処理の目的および方法を決定しているため，管理者になります。

　第三者がCookieを発行している場合，自社と第三者の関係は，共同管理者同士または管理者−処理者の関係になるのが一般的です。これらの関係は，個人データの処理の目的および方法を共同で決定しているか，自社が単独で決定しているかによって判断されます。欧州司法裁判所は，ウェブサイトを運営する

企業が訪問者の情報にアクセスできないとしても，第三者にCookieを設置する機会を与え，個人データの処理の目的および方法に関与している場合には，当該企業は管理者に該当すると判断しています[27]。欧州司法裁判所は，アナリティクスツールの提供者との関係を共同管理者と判断したことがありますが[28]，個別の事案ごとの検討が必要です。

ウ　地理的適用範囲

(ア)　概　要

　GDPRおよびUK GDPRは，原則としてEUまたは英国域内の企業に対して適用されますが，以下のいずれかに該当する場合には，日本企業の個人データの処理に対しても適用されることになります。

> ・EUまたは英国内に所在する拠点の活動の過程における個人データの処理（GDPRおよびUK GDPR 3条1項）
> ・EUまたは英国内のデータ主体に対する物品またはサービスの提供に関連する個人データの処理（GDPRおよびUK GDPR 3条2項(a)号）
> ・EUまたは英国内のデータ主体の行動の監視に関連する個人データの処理（GDPRおよびUK GDPR 3条2項(b)号）

(イ)　Cookieとの関係

　日本企業であっても，Cookieによって収集したデータの処理が，EUまたは英国内のデータ主体に対する物品・サービスの提供またはデータ主体の行動の監視に関連し，GDPRやUK GDPRが適用されることがあります。

　例えば，日本企業において，EUまたは英国内の居住者をターゲット層とし

27　Case C-210/16, Unabhängiges Landeszentrum für Datenschutz Schleswig-Holstein v Wirtschaftsakademie Schleswig-Holstein GmbH, ECLI:EU:C:2018:388, paras 35-39
28　Case C-49/17, Fashion ID GmbH & Co.KG v Verbraucherzentrale NRW eV., ECLI:EU:C:2019:629, para 85

てECサイトのサービスを提供していることがその言語や通貨から明らかである場合，当該ECサイト上のCookieによって収集したデータの処理は，EUまたは英国内のデータ主体に対する物品またはサービスの提供に関連するものとして，GDPRまたはUK GDPRが適用されることになります。

また，日本の企業で，EUまたは英国居住者から収集したCookieに紐づく情報を分析し，行動ターゲティング広告を表示したり，収集した情報に基づきパーソナライズされたサービスなどを提供したりする場合には，EUまたは英国内のデータ主体の行動の監視に関連しているものとして，GDPRまたはUK GDPRが適用されることになります。

エ　個人データの処理の適法化根拠

㋐　概　要

GDPRにおいては，個人データは適法に取り扱われなければならないとされており（5条1項(a)号），個人データを適法に処理する場合には，GDPR6条1項に基づく適法化根拠が必要とされています。

GDPRは，以下の6つの個人データの処理の適法化根拠を定めています。

・データ主体の同意（6条1項(a)号）
・契約の履行のための必要性（同(b)号）
・法的義務の遵守（同(c)号）
・生命に関する利益保護（同(d)号）
・公共の利益・公的権限の遂行（同(e)号）
・正当な利益のための必要性（同(f)号）

上記のうち，Cookieによって収集した個人データの処理の適法化根拠として用いることが実務上考えられるのは，契約の履行のための必要性（6条1項(b)号），正当な利益のための必要性（同(f)号），データ主体の同意（同(a)号）です。

㈠　契約の履行のための必要性

a　要　件

適法化根拠として契約の履行のための必要性を用いるためには，①契約の有効性，および②必要性を満たす必要があります。

b　Cookieとの関係

ユーザーとの間にサービス提供に関する有効な契約が存在し，かつ，Cookieを用いた個人データの処理がサービス提供のために客観的に必要なものであれば，この適法化根拠によることができます。

オンラインサービスでは，当該サービスにおいて収集したCookie情報を利用して行動ターゲティング広告を配信することがあります。広告主から得られる広告配信料を収益の柱とすることで，ユーザーに対しては無償で提供されているサービスも多々あります。もっとも，そのような場合であっても，行動ターゲティング広告については，間接的にサービスの提供に資するにとどまり，客観的な必要性は認められず，契約の履行のため必要であるという適法化根拠を用いることはできないとされています[29]。この点，アイルランドのデータ保護機関は，欧州データ保護委員会（EDPB）の決定を受けて，契約の履行のための必要性は，SNS事業者のターゲティング広告のための適法化根拠に用いることができないと判断しています[30]。

㈡　正当な利益のための必要性

a　要　件

正当な利益のための必要性を適法化根拠とするためには，以下のとおり，①正当な利益の追求，②正当な利益の目的のために個人データを処理する必要性，

29　Contractual Necessity Guidelines, paras 52 and 53
30　DPC, *Decision concerning a complaint directed against Meta Platforms Ireland Limited in respect of the Facebook service made pursuant to Section 113 of the Data Protection Act 2018* (Inquiry 18-5-5)；DPC, *Decision concerning a complaint directed against Meta Platforms Ireland Limited in respect of the Instagram service made pursuant to Section 113 of the Data Protection Act 2018* (Inquiry 18-5-7)

③データ主体の基本的権利・自由が正当な利益に優先しないことを満たす必要
があります[31]。

(a) 正当な利益の追求

当該適法化根拠の前提として，追求する利益の正当性が求められます。正当
性が認められるためには，次の要素を満たしている必要があります[32]。

・合法的であること（適用されるEU法および国内法に準拠していること）
・対象となる利益が十分に具体的であること
・現実かつ現在の利益を示すものであること

(b) 正当な利益の目的のために個人データを処理する必要性

当該適法化根拠の下では，個人データの処理は，正当な利益の目的のために
「必要」であることが求められます。この必要性によって，同じ目的を達成す
るために，よりデータ主体に対する侵害の程度が低い他の手段がないかを検討
することが求められます[33]。

(c) データ主体の基本的権利・自由が正当な利益に優先しないこと

GDPR前文において，正当な利益は，データ主体と管理者との関係に基づく
データ主体の合理的な期待を考慮に入れた上で，データ主体の利益または基本
的な権利および自由を覆すものとならない場合に，処理のための法的根拠にな
るとされています（前文46項）。そのため，管理者側の利益とデータ主体の基
本的権利・自由を比較考慮し，データ主体の基本的権利・自由が優先すると判

31　Case C-49/17, Fashion ID GmbH & Co. KG, ECLI:EU:C:2018:388, para 95
32　Article 29 Working Party, *Opinion 06/2014 on the notion of legitimate interests of the data controller under Article 7 of Directive 95/46/EC*（"Legitimate Interest Guidelines"）, page 25
33　Legitimate Interest Guidelines, page 29

断される場合には，正当な利益による適法化根拠を用いることはできません。

b Cookieとの関係

　Cookieの利用に際しては，データ主体の基本的権利・自由が正当な利益に優先するか否かの要件が問題となることがあります。特に，Cookieによって収集した処理が大規模かつ権利侵害的になる場合，データ主体の基本的権利が優先されると考えられ，正当な利益をもって適法化根拠とすることはできません。例えば，他のデータと突合し，詳細なプロファイリングを試みる場合[34]や，オンライン広告におけるリアルタイムビッティングの場合[35]などには，正当な利益に基づく適法化根拠は認められません。

(エ) 同　意
a 要　件

　ユーザーから有効な同意を得られれば，それを適法化根拠として個人データを処理することができます。もっとも，GDPRにおいて，有効な同意であると認められるためには，以下のすべての条件を満たす同意である必要があります。

(a) 自由に与えられた（freely given）

　同意は「自由に与えられた」ものでなければなりません。例えば，データ主体に同意を拒否する選択肢がない場合，同意を強制される場合，同意をしない場合に不利益な取扱いをされる場合，または自由意思を行使することを妨げる不適切な圧力・影響がある場合には，同意は自由なものとは認められません[36]。

(b) 特定された（specific）

　同意は「特定された」ものでなければなりません。特に，データ主体の同意

34　Legitimate Interest Guidelines, page 39
35　ICO, *Update report into adtech and real time bidding*, page 18
36　EDPB, *Guidlines 05/2020 on consent under Regulation 2016/679*（"Consent Guidelines"）, paras 13 and 14

は, 特定の利用目的に対して与えられるものでなければならず, データ主体は個々の利用目的に対して選択権を有するものとしなければなりません[37]。

(c) 事前説明を受けた (informed)

同意は「事前に説明を受けた」上で取得されなければなりません。データ主体に対して, 同意取得前にあらかじめ, 重要な事項（少なくとも, ①管理者の身元, ②処理目的, ③収集・利用するデータの種類, ④同意撤回権の存在, ⑤（該当する場合）自動化された意思決定に関する情報, ⑥（該当する場合）データ移転のリスク）を説明する必要があります[38]。また, 同意が複数の管理者に依拠される場合, 同意に依拠するすべての管理者の名称を明示する必要があります[39]。

(d) あいまいでない表示 (unambiguous indication)

同意は,「あいまいでない表示」によってなされなければなりません。例えば, 事前にチェックされたボックスで同意させることや, データ主体の沈黙または不作為および単なるサービスの利用を同意とみなすことは, この要件を満たさず, 有効ではありません[40]。

b Cookieとの関係

Cookieとの関係における同意の問題としては, Cookieウォールが挙げられます。Cookieウォールとは, ウェブサイトの訪問者がCookieの利用について同意しない限り, ウェブサイトのコンテンツを閲覧できないようにすることをいいます。この場合, データ主体は真の選択肢が与えられないため, 同意は自由に与えられたものではなく, 無効となりえます[41]。

---

37 Consent Guidelines, para 55
38 Consent Guidelines, para 64
39 Consent Guidelines, para 65
40 Consent Guidelines, para 79
41 Consent Guidelines, para 40

また，ウェブサイトのスクロールやスワイプによるみなし同意は，Cookieとの関係で以前は用いられることがありました。この場合は，データ主体の明確かつ肯定的な行動がなく，「あいまいでない表示」に該当しないため，同意は無効となりえます[42]。

オ　透明性

㋐　概要（GDPR5条1項(a)号）

GDPRにおいて，個人データは，そのデータ主体との関係において，透明性のある態様で取り扱われなければならないとされています（5条1項(a)号）。当該原則に関連して，GDPR上はデータの処理に関する情報提供義務（12条），データ取得の際の情報提供義務（13条，14条）など，いくつかの義務が定められており，事業者においてはプライバシーポリシー・Cookieポリシー等において当該義務を意識しつつ対応する必要があります。

㋑　Cookieとの関係

Cookieについて同意を得る場合，透明性について重層的な情報提供のアプローチをとることが一般的です。まず，最初にウェブサイトの訪問者に表示するバナーやポップアップ等では十分なスペースがないため，Cookieの概要についてのみ説明して，Cookieポリシーのリンクを掲載します。次に，そのリンク先のCookieポリシーにおいて，Cookieの種別や利用目的等の詳細な情報を説明することになります。さらに，このCookieポリシー以外でデータ主体に提供すべき情報については，別途プライバシーポリシーに記載することになります。

カ　個人データの第三国移転

㋐　総　論

GDPRおよびUK GDPRにおいて，EUまたは英国域内の管理者は，個人デー

42　Consent Guidelines, para 86

タをEUまたは英国域外の第三者に移転することを原則として禁止されていま
す（44条）。もっとも，例外的に，①十分性認定（45条），②拘束性企業準則
（46条2項(b)，47条），③標準データ保護条項（46条2項(c)，47条），または，
④特別の状況がある場合（49条）は，越境移転が認められます。

(イ) SCCと移転リスク評価および補完的措置

　企業間の個人データの移転については，上記③の標準データ保護条項がよく
使われます。この標準データ保護条項は，一般にSCC（Standard Contractual
Clauses）といわれます。このSCCは，EU加盟国との関係では，欧州委員会の
採択したSCC，英国との関係では，ICOが発行した国際移転データ契約
（IDTA）または欧州委員会のSCCへの補遺（Addendum）を用いることにな
ります。

　かつてはデータの移転当事者間でSCCを締結するだけで，GDPRの個人デー
タの第三国移転に関する規制に対応することができました。しかし，Schrems
II判決によって，SCCによる移転をする際には，移転リスク評価を実施して，
SCCの締結のみで移転先の国においてEUと同等のレベルの保護が提供される
か否かを判断し，その保護が不十分である場合には，移転者はSCCの締結に加
えて補完的措置を採択しなければならなくなりました[43]。

(ウ) Cookieとの関係

　Cookieを発行する第三者がEUまたは英国外に所在する場合，個人データの
第三国移転の規制に対応する必要があります。特に，欧州司法裁判所が
SchremsII判決において個人データの第三国移転について新たな要求事項を課
してから，米国企業が提供するアナリティクスツールについて，EUのデータ
保護機関の態度が厳格になってきている点に注意が必要です。例えば，本書執

43　Case C-311/18, Data Protection Commissioner v Facebook Ireland Limited and
Maximillian Schrems, ECLI:EU:C:2020:559, paras 133-135; EDPB, *Recommendations
01/2020 on measures that supplement transfer tools to ensure compliance with the
EU level of protection of personal data*, para 28, 29 and 50

筆時点において，オーストリア，フランス，イタリア，デンマーク，フィンランド，ノルウェーの当局は，当該アナリティクスツールを利用するウェブサイトが個人データの第三国移転のルールに違反する可能性があることを示しています。ただし，その後，欧州委員会は，ＥＵから米国への個人データの越境移転枠組みである「EU-U.S. Data Privacy Framework」を前提に米国に対して十分性認定をしており，今後は，この枠組みに依拠する米国企業に対して，これまでとは異なる見解が示される可能性があります。

⑷　EU加盟国・英国の法令およびガイドライン

ア　フランス

㋐　国内法

　フランスにおいては，フランスデータ保護法（French Data Protection Act）82条がeプライバシー指令のCookie関連規制を国内法化しています。

㋑　ガイドライン

　このCookie関連規制について，フランスデータ保護機関（Commission Nationale de l'Informatique et des Libertés，以下「CNIL」といいます）は，Cookieその他の追跡技術に対するガイドライン[44]（以下「CNILガイドライン」といいます）と推奨事項[45]（以下「CNIL推奨事項」といいます）を発行しています。

　これらのCNILガイドラインおよび推奨事項を踏まえれば，フランスの

44　CNIL, *Délibération n° 2020-091 du 17 septembre 2020 portant adoption de lignes directrices relatives à l'application de l'article 82 de la loi du 6 janvier 1978 modifiée aux opérations de lecture et écriture dans le terminal d'un utilisateur (notamment aux « cookies et autres traceurs ») et abrogeant la délibération n° 2019-093 du 4 juillet 2019*
45　CNIL, *Délibération n° 2020-092 du 17 septembre 2020 portant adoption d'une recommandation proposant des modalités pratiques de mise en conformité en cas de recours aux « cookies et autres traceurs »*

Cookie関連規制について，特に留意すべき点は以下のとおりです。

a 提供すべき情報

CNILガイドラインでは，同意がインフォームドコンセントとなることを確保するため，ユーザーに対しては，①読み取りまたは書き込み操作の処理に関する管理者の身元，②データの読み取りまたは書き込み操作の目的，③追跡技術の受け入れ方法または拒否方法，④追跡技術を拒否した場合または受け入れた場合の結果，⑤同意を撤回する権利の存在を通知しなければならないとしています[46]。

CNIL推奨事項では，①の「読み取りまたは書き込み操作の処理に関する管理者の身元」については，ユーザーは，同意を与えたり拒否したりする前に，共同管理者を含むすべての管理者の身元を知ることができなければならないため，同意の時点で，網羅的かつ定期的に更新された管理者のリストを利用可能にしなければならないとされています[47]。このようなリストは，ウェブサイトやモバイルアプリケーション上でいつでも簡単にアクセスできる場所に常設することが推奨されています[48]。

また，CNIL推奨事項では，②の「データの読み取りまたは書き込み操作の目的」については，同意または拒否の方法を示す前に，ユーザーに提示される必要があるとともに，ユーザーが何に同意しているかを正確に理解できるよう，適切な言語でわかりやすい方法で記載され，十分に明確でなければならないとされています[49]。また，CNILは，各目的についてそれを端的に示すタイトルで強調し，簡単な説明を付すことを推奨しています[50]。

---

46 CNILガイドライン24項
47 CNIL推奨事項18項
48 CNIL推奨事項20項
49 CNIL推奨事項12項
50 CNIL推奨事項13項

b　同意の取得方法

CNIL推奨事項では，読み取りおよび／または書き込み操作を受け入れることと拒否することの双方の可能性を，同じ程度の単純さでユーザーに提供しなければなりません[51]。この点，同意するために1回のクリックを要求し，同意しないことを設定するために複数のアクションが必要な同意インターフェースは，ほとんどの場合，ユーザーの選択を偏らせる危険性があることが指摘されています[52]。

また，CNIL推奨事項では，ユーザーを誤解させないために，ユーザーに意思表明させるためのインターフェースに，ユーザーに同意が必須であると信じ込ませたり，ある選択肢を別の選択肢よりも視覚的に強調したりする等の誤解を招く可能性のある設計が含まれていないことを確認することが推奨され，同意と拒否の双方の選択肢について，同じサイズのボタンおよびフォントを使用して，同じ読みやすさを提供し，同じ方法で表示することが望ましいとされています[53]。

c　同意取得義務の例外

CNILガイドラインは，オーディエンスを測定する追跡技術（例：アナリティクスCookie）が厳密な必要性の例外に該当し，その利用にあたってユーザーの同意を得ることが求められない場合があることを指摘しています[54]。

この追跡技術の利用をサービスの提供に厳密に必要なものに限定するため，当該追跡技術の目的は，サイトやアプリケーションの視聴者を測定することのみに厳密に限定されなければなりません[55]。特に，当該追跡技術は，異なるアプリケーションを使用したり，異なるウェブサイトを閲覧したりする人のブラウジングを全体的に追跡することを可能にしてはなりません[56]。同様に，当該

51　CNIL推奨事項30項
52　CNIL推奨事項31項
53　CNIL推奨事項34項
54　CNILガイドライン50項
55　CNILガイドライン51項
56　CNILガイドライン51項

追跡技術は匿名の統計データを作成するためにのみ使用されなければならず，収集された個人データを他の処理と照合したり，第三者に送信したりしてはなりません[57]。

d　Cookieの保存期間と同意の有効期間

　Cookieの保存期間に関して，CNILガイドラインおよび推奨事項には一般的なルールの記載はありません。ただし，上記cで述べたオーディエンスを測定する追跡技術については，時間の経過に伴ったオーディエンスの適切な比較が可能となる期間（例えば，13カ月）に限定されること，新たな訪問に際して自動的に延長されるべきではないこと，および追跡技術を通じて収集された情報の保存期間（Cookieを用いて収集された閲覧履歴等の保存期間）は最長25カ月とすることが推奨されています[58]。

　また，Cookieに関する同意の有効期間に関しては，同意取得後，一定期間が経過した場合には再度同意を取得し直すべきものと考えられています。その期間は，文脈，当初の同意の範囲およびユーザーの期待を考慮して決定される必要があり，一般的には6カ月間ごとに同意を取得し直すことが適切な実務であるとされています[59]。

e　個人データの第三国移転

　CNILガイドラインと推奨事項のいずれもCookieによって収集したデータの第三国移転について言及していませんが，CNILはアナリティクスツールによる米国への個人データの移転に対して厳格な態度を示しています。例えば，CNILは，米国企業が提供するアナリティクスツールの使用により米国に個人データが移転されることが違法であると判断したことがあります。Schrems II判決以降，個人データの第三国移転を行う場合は，移転先の国にデータを移

57　CNILガイドライン51項
58　CNILガイドライン50項
59　CNIL推奨事項38項，39項

転する際に講じた適切な措置（例：SCC）が有効であるか否かの移転リスク評価を行い，必要に応じて補完的措置を講じなければならなくなりました。米国企業が提供するアナリティクスツールを用いる場合，ウェブサイトの運営者は，Cookieによって収集したデータを米国に移転することになりますが，CNILは，当該米国企業が当該アナリティクスツールに関して，米国の諜報機関がデータにアクセスできることを排除するのに十分な補完的措置を講じていないとし，当該アナリティクスツールを使用するウェブサイト管理者に対し，必要に応じて当該アナリティクスツールの使用を中止するか，EU域外への移転を伴わないツールを使用して，GDPRに準拠するよう命じています。その後，CNILは，当該アナリティクスツールを用いる場合，プロキシサーバを経由させ，米国にデータが移転される前に仮名化をするという対策を提案しています。

イ　ドイツ

㋐　国内法

　ドイツにおいては，電気通信およびテレメディアにおけるデータ保護およびプライバシー保護に関する法律（Telekommunikation-Telemedien-Daten-schutz-Gesetzes，以下「TTDSG」といいます）25条がeプライバシー指令のCookie関連規制を国内法化しています。

㋑　ガイドライン

　ドイツのデータ保護当局間の連絡・調整を行う機関（Datenschutzkon-ferenz，以下「DSK」といいます）は，テレメディアプロバイダーに対する監督官庁によるガイダンス[60]（以下「DSKガイダンス」といいます）を発行しています。

　このDSKガイダンスを踏まえれば，ドイツのCookie関連規制について，特に留意すべき点は以下のとおりです。

60　DSK, *Orientierungshilfe der Aufsichtsbehörden für Anbieter:innen von Telemedien ab dem 1. Dezember 2021*

a　提供すべき情報

　ユーザーに提供すべき情報は，①誰が，どのような形式で，どのような目的で，当該端末機器にアクセスするのか，②Cookieの機能的な持続時間，および③第三者がCookieにアクセスできるかどうかとされています[61]。また，当該目的のために端末機器にアクセスするにあたり，GDPRの対象となるさらなるデータの取扱いがあるか，ある場合にはどの程度かについて十分な情報を提供していなければならず，その後の取扱いの目的を正確に説明しなければなりません[62]。さらには，同意の効果を明確にするために，その後，同意を取り消しても，同意が取り消されるまでに行われたアクセスまたは保存の合法性には影響を及ぼさないという事実についても，情報提供する必要があります[63]。

b　同意の取得方法

　ユーザーに同意・不同意の2つの選択肢が与えられていたとしても，どちらを選択するかによってテレメディアサービスを利用開始するまでに要する時間が異なる場合は，一般的に有効な同意を取得することはできないとされています[64]。例えば，同意する場合には「すべてに同意する」ボタンを押すことでサービスを即座に利用できる一方で，同意を拒否する場合には「設定」「詳細情報」「プライバシーポリシー」といった名称のボタンをいったん押して，その後に表示される画面で追加の設定が必要となる場合には，「あいまいでない表示」とはいえないとされます[65]。また，この場合，同意が自由になされたか否かにも影響しうるとされています[66]。

c　同意取得義務の例外

　DSKガイダンスは，TTDSG25条の同意取得義務の例外に該当するCookieを

61　DSKガイダンスⅢ2.c)
62　DSKガイダンスⅢ2.c)
63　DSKガイダンスⅢ2.c)
64　DSKガイダンスⅢ2.d)
65　DSKガイダンスⅢ2.d)
66　DSKガイダンスⅢ2.f)

明確に述べてはいません。

d　Cookieの保存期間と同意の有効期間

　DSKガイダンスは，Cookieの保存期間や同意の有効期間について明確に述べていません。

e　個人データの第三国移転

　DSKガイダンスは，大手のサービスプロバイダーのツールを利用する場合，十分性認定が得られていない国への個人データの移転が生じることを注意喚起しています[67]。

ウ　アイルランド

㋐　国内法

　アイルランドでは，2011年欧州共同体（電子通信ネットワークおよびサービス）（プライバシーおよび電子通信）規則[68]（以下「ECR」といいます）5条3項が e プライバシー指令のCookie関連規制を国内法化しています。

㋑　ガイドライン

　アイルランドのデータ保護機関（Data Protection Commission, 以下「DPC」といいます）は，Cookieその他の追跡技術に関するガイダンス[69]（以下「DPCガイダンス」といいます）を発行しています。

　このDPCガイダンスを踏まえれば，アイルランドのCookie関連規制について，特に留意すべき点は以下のとおりです。

67　DSKガイダンスIV 4
68　European Communities (Electronic Communications Networks and Services) (Privacy and Electronic Communications) Regulations 2011
69　DPC, *Guidance Note: Cookies and other tracking technologies*

a　提供すべき情報

　ECRは提供すべき「明確かつ包括的な情報」を定義していませんが，その要求水準は，GDPRとそのアイルランドにおける実施法である2018年データ保護法[70]に従うものとされています[71]。それ以外に，DPCガイダンスは，提供すべき情報を具体的には定めていません。

b　同意の取得方法

　Cookieバナーまたはポップアップを使用する場合，Cookieの同意を拒否するのではなく，同意するようにユーザーを誘導するようなインターフェースを使用することは認められません[72]。したがって，同意する選択肢のボタンを持つCookieバナーを使用する場合は，ユーザーがCookieを拒否できるようにするオプションまたはCookieを目的と種類別に管理できる別の層に移動できるオプションを同等に目立たせる必要があります[73]。

c　同意取得義務の例外

　アナリティクスCookieは同意取得義務の例外に該当せず，原則どおり同意が必要です[74]。もっとも，ファーストパーティのアナリティクスCookieは，サードパーティのアナリティクスCookieとは異なり，ユーザーに大きなプライバシーリスクを生じさせないため，DPCの執行措置の優先事項とみなされる可能性は低いとされています[75]。

d　Cookieの保存期間と同意の有効期間

　Cookieの保存期間は，その機能に比例させる必要があります。例えば，セッション中だけ利用するCookieの保存期間を永久とすることは，比例していると

70　Data Protection Act 2018
71　DPCガイダンスノート10頁
72　DPCガイダンス9頁
73　DPCガイダンス9頁
74　DPCガイダンス7頁
75　DPCガイダンス8頁

は認められません[76]。

Cookieへの同意の有効期間については，6カ月以内とされており，その期間を超えるたびに改めて同意を得なければなりません[77]。

e 個人データの第三国移転

DPCガイダンスは，個人データの第三国移転について言及していません。しかし，近時，DPCは，個人データの第三国移転について厳格な態度を示しています。例えば，DPCは，EDPBによる決定を受けて，ソーシャルネットワーキングサービス（SNS）を提供する米国企業のアイルランド子会社が，当該サービスのために米国へ個人データを移転したことを違法と判断しました[78]。

エ 英 国

㋐ 国内法

英国は，EUを離脱する前に，PECR6条によって，eプライバシー指令のCookie関連規制を国内法化しています。

㋑ ガイドライン

英国のデータ保護当局であるICOは，Cookieおよび類似技術の使用に関するガイダンス[79]（以下「ICOガイダンス」といいます）を公表しています。

このICOガイダンスを踏まえれば，英国のCookie関連規制について，特に留意すべき点は以下のとおりです。

a 提供すべき情報

Cookieを設定する際には，個人データを処理するときと同種類の情報をユー

---

76 DPCガイダンス13頁
77 DPCガイダンス8頁
78 Data Protection Commission, *Decision of the Data Protection Commission made pursuant to Section 111 of the Data Protection Act, 2018 and Articles 60 and 65 of the General Data Protection Regulation*, DPC Inquiry Reference: IN-20-8-1
79 ICO, *Guidance on the use of cookies and similar technologies*

ザーに提供することが求められ，提供される情報には，①使用する予定の
Cookie，②Cookieを使用することになる目的，③ユーザーのデバイスに保存
された情報，またはユーザーのデバイスからアクセスされた情報を処理する可
能性のある第三者，および④設定する予定のCookieの期間が含まれる必要があ
ります[80]。

b 同意の取得方法

　Cookieの利用について同意を得る際に，ユーザーが特定の行動を取るように
影響を与える場合，UK GDPRに違反する可能性があります。例えば，「拒否」
や「ブロック」よりも「同意」や「許可」を強調する同意メカニズムは，「同
意」オプションにユーザーを誘導しているため，UK GDPR違反となりえます[81]。

c 同意取得義務の例外

　アナリティクスCookieは，ファーストパーティとサードパーティのいずれが
発行したものかにかかわらず，厳密な必要性の例外には該当しませんので，同
意が必要となります[82]。ICOは，サードパーティが発行した場合とは異なり，
ファーストパーティのアナリティクス Cookieの場合には，執行措置を講じる
可能性が低くなりうることを示唆しているのは注目に値します[83]。

d Cookieの保存期間と同意の有効期間

　あるべきCookieの保存期間はCookieの目的によって異なっており，その判
断にあたっては，Cookieの使用が意図した結果に比例し，かつ目的を達成する
ために必要な期間に限定されているか確認する必要があります[84]。例えば，
ユーザーが本人であることを確認するためにCookieを使用する場合，ユーザー

80　ICOガイダンス，「What does ‘clear and comprehensive information’ mean?」
81　ICOガイダンス，「Can we pre-enable any non-essential cookies?」
82　ICOガイダンス，「Are analytics cookies exempt?」
83　ICOガイダンス，「Are analytics cookies exempt?」
84　ICOガイダンス，「How long should our cookies last?」

のセッションが終了するとCookieは削除されるべきです[85]。また，Cookieの保存期間を「31/12/9999」と設定することは一般的に許されません[86]。

同意の有効期間についてはICOガイダンスにおいて具体的に言及されていませんが，同意の取得頻度は，アクセスの頻度，コンテンツや機能の更新等様々な要素によって異なるとされています[87]。例えば，新しいサードパーティから必須ではないCookieを設定する場合等には，改めて同意を取得すべきです[88]。

e 個人データの第三国移転

ICOガイダンスは，個人データの第三国移転について言及していません。英国において一般的に留意すべきこととしては，UK GDPRでは，個人データの国際移転に，欧州委員会が採択したSCCではなく，ICOが発行した国際移転データ契約（IDTA）または欧州委員会のSCCへの補遺（Addendum）を用いるということです[89]。また，ICOは，Schrems II 判決以降に求められる移転リスク評価については，EDPBのアプローチ（英国の法律および慣行（UK GDPRを含む）をデータの移転先となる国の法律および慣行と比較するアプローチ）とICOのアプローチ（情報が英国内にとどまる場合と比較して，移転の結果，人々のプライバシーやその他の人権に対するリスクが増加するかどうかを評価対象とするアプローチ）のいずれも許容するという立場を示しています[90]。

---

85 ICOガイダンス，「How long should our cookies last?」
86 ICOガイダンス，「How long should our cookies last?」
87 ICOガイダンス，「How often should we get consent?」
88 ICOガイダンス，「How often should we get consent?」
89 ICO, *International data transfer agreement and guidance*
90 ICO, *Transfer risk assessments*

2 対応方法

ア Cookieバナー

Cookieバナーとは，ユーザーがウェブサイトを訪問した際に画面上に表示され，ユーザーに対してCookie利用への同意・不同意の選択を求めるバナーのことをいいます。Cookieバナーは，実務上，eプライバシー指令およびGDPRに基づく同意を得るために広く用いられています。

【Cookieバナー】

We use cookies to navigate you to our websites, enhance the functionality and personalisation, provide a better user experience, and to share our contents on social media. For more information, please read our <u>Cookie Policy</u>. If you consent or refuse to each category of cookies, please visit your <u>Cookie Setting</u>.

<u>Accept cookies</u>　　<u>Refuse cookies</u>

イ Cookieの詳細設定

Cookieの詳細設定とは，ユーザーがCookieの目的ごとに同意・不同意の設定を管理することができる画面をいいます。Cookieの詳細設定は，eプライバシー指令およびGDPRの同意の要求事項を満たすため，一般的に用いられています。

【Cookieの詳細設定】

```
┌─────────────────────────────────────────────────────────────────┐
│ XYZ                          Cookie Settings                      │
│ Corporation                                                       │
├──────────────┬────────────────────────────────────────────────────┤
│ Strictly     │ Targeting                              Cookies     │
│ Necessary    │ Active ☑                                           │
│ Cookies      │                                                    │
├──────────────┤                                                    │
│ Performance  │ These  Cookies  may  be  set  through  our  site  by  our │
│ Cookies      │ advertising partners. They may be used by those companies │
├──────────────┤ to  build  a  profile  of  your  interests  and  show  you │
│ Functional   │ relevant adverts on other sites.                   │
│ Cookies      │                                                    │
├──────────────┤ They  do  not  store  directly  personal  information but  are │
│ Targeting    │ based on uniquely identifying your browser and internet │
│ Cookies      │ device.  If  you  do  not  allow  these  Cookies,  you  will │
├──────────────┤ experience  less  targeted  advertising.           │
│ Cookie       │                                                    │
│ Policy       │                                                    │
├──────────────┴──────────────────────────────┬─────────────────────┤
│                                              │  Save Settings      │
└──────────────────────────────────────────────┴─────────────────────┘
```

ウ　Cookieポリシー

　Cookieポリシーは，Cookieの利用についての詳細な事項（例えば，Cookieの目的や種類，オプトアウト手段）を説明したポリシーです。Cookieポリシーは，ｅプライバシー指令およびGDPRの同意の要求事項を満たすため，一般的に用いられています。

3 　執行事例

　EU・UKのデータ保護機関は，ｅプライバシー指令に基づく国内法またはGDPRを根拠に，Cookieの利用について様々な執行を行っています。

　特に，フランスのCNILは，ｅプライバシー指令に基づくフランスデータ保護法82条に違反したウェブサイトの運営者に対して執行を活発に行っています。

例えば，アナリティクスツールを提供する米国企業のフランス向け検索サイトおよび動画投稿プラットフォームのウェブサイトにおいて，Cookieの同意については1回のクリックで行えるのに対し，Cookieを拒否するためには複数回クリックする必要があり，同意と同等のソリューション（ボタンまたはその他）が実装されていないことがフランスデータ保護法82条に違反するとして，当該米国企業グループに合計1億5,000万ユーロ（当該米国企業に9,000万ユーロ，当該米国企業のアイルランド子会社に6,000万ユーロ）の罰金を科しました。また，ソーシャルネットワーキングサービス（SNS）を提供する米国企業のアイルランド子会社に対しても，当該サービスのウェブサイトにおいて同様の違反が認められるとして，6,000万ユーロ（約85億円）の制裁金を科しています。

　また，アイルランドのDPCは，多くのITサービスのプロバイダーがアイルランドにその欧州拠点を置いているため，そのようなプロバイダーのGDPR違反に関する執行例がいくつかあります。例えば，EDPBの決定を受けて米国SNS事業者が採用していた「契約の履行のための必要性」（GDPR 6条1項(b)号）は，ターゲティング広告のための処理の法的根拠とはならず，米国SNS事業者はデータ処理の法的根拠を欠いている，とDPCが決定をしたことは注目に値します。

第2 米国におけるCookie関連規制と 必要な対応

1 総 論

(1) 米国におけるCookie関連規制の枠組み

　米国には事業者によるCookieの利用自体を規制する法律や，Cookieポリシーの作成・公表を義務づける法律はありません。一方，米国で制定される各種プライバシー法ではCookieが個人情報であると評価される場合が多いため，事業者がCookieを使用する場合，適用のある各種プライバシー法に基づいてCookieを個人情報の一環として取り扱う必要があります。そこで，米国におけるCookie関連の規制を理解するためには米国のプライバシー法の全体像を把握する必要があります。また，各業界の自主規制や私的訴訟権に基づく民事訴訟動向についても認識しておくことが望まれます。下記で，連邦法・州法および業界別の自主規制の枠組みを説明します。

(2) 連邦法

　日本では国家レベルの法律として，包括的な個人情報保護法が制定されていますが，連邦国家である米国では現在，連邦レベルで包括的に個人情報を規制する法令はありません。その代わりに，一定の事業分野や情報の属性に応じて個別の法律を制定する「セクトラル方式」が採用されています。例えば，一般的な消費者保護を目的として不公正な取引を取り締まるFederal Trade Commission Act（以下「FTC法」といいます），13歳未満の児童のオンライン上でのプライバシーを守るChildren's Online Privacy Protection Act of 1998（以下「COPPA」といいます），また医療分野における個人情報の取扱いを規制するHealth Insurance Portability and Accountability Act of 1996や金融機

関における個人情報の取扱いを規制するGramm-Leach-Bliley Actなど業種別のプライバシー法があります。いずれの法律においても，Cookie IDおよびCookieを利用して取得した情報は個人情報として取り扱われる場合が多く，当該各連邦法が適用される事業者はCookie情報を個人情報として保護し規制を遵守する必要があります。

【コラム⑥】米国連邦プライバシー保護法

　2022年7月に米国連邦レベルでの包括的プライバシー法となる American Data Privacy and Protection Act（以下「ADPPA」といいます）の法案[1]が，連邦議会下院での審議に付されることが可決されました。当時はADPPAが制定されれば，米国初の包括的な連邦レベルでのプライバシー法となることで成立への期待感がありましたが，採択には至りませんでした。「ADPPAはカリフォルニア州法と比較すると十分にプライバシーを保護していない」という反対意見が多く挙げられたこともあり，連邦法と州法の優劣関係や私的訴訟権のあり方をめぐり賛否両論の議論が続いています。うまく妥協案が見出された場合は，米国で初めての包括的な連邦レベルでのプライバシー法が成立する可能性はあります。新しい妥協案に基づく法律が成立した場合はCookieが個人情報の一環として規制されることは確実であると思われます。事業者は今後も連邦レベルでの立法状況に注意が必要です。

---

(3) 州 法

　2018年にカリフォルニア州でCalifornia Consumer Privacy Act（以下「CCPA」といいます）が採択されて以来，米国では州レベルで包括的なプライバシー法を採択する動きが活発化しています。CCPAは2020年1月から施行

1　H.R. 8152, 117th Cong. § § 2(8)(A), 2 (39) (A)

され，2023年1月には，CCPAを改正するCalifornia Privacy Rights Act（CPRA）[2]が施行されました。2023年1月にはバージニア州のVirginia Consumer Data Protection Actも施行され，2023年7月にはコロラド州のColorado Privacy Actおよびコネチカット州のConnecticut Data Privacy Actが施行されました。また，2023年12月末にはユタ州のUtah Consumer Privacy Actが施行されました。現在制定されている包括的プライバシー法は事業者によるCookie情報の利用を個人情報の利用として規制しています。現行法の下では事業者はCookieポリシーを別途作成する義務はありませんが，プライバシーポリシー上でCookie利用について公表する必要があります。現行のプライバシー法に加え，2024年7月にはテキサス州のData Privacy and Security Act，オレゴン州のConsumer Privacy Actが施行され，2024年10月にはモンタナ州でもConsumer Data Privacy Actが施行されるため，事業者は新しい州法の施行状況から目が離せません。

　なお，包括的なプライバシー法を制定していない州でも連邦レベルのFTC法に類似した消費者保護法を制定しているため，Cookieポリシーによる開示内容と実際のCookieの利用状況がきちんと合致していることを確認し，Cookieの利用が州レベルでの消費者保護法の違反につながらないよう注意する必要があります。

(4)　業界別自主規制

　各種法律に加え，米国では業界別自主規制団体が個人情報保護に関するガイドラインを作成しています。例えば，オンライン宣伝・広告業界ではNetwork Advertising Initiative[3]（以下「NAI」といいます）やDigital Advertising Alliance[4]（以下「DAA」といいます）がオンライン上の宣伝・広告に関する自主規制ガイドラインを発行しています。したがって，自主規制団体に属する事業

2　CPRAは改正法の名称です。カリフォルニア州のプライバシー法はCPRA施行後もCCPAと呼ばれています。
3　https://www.networkadvertising.org/
4　https://digitaladvertisingalliance.org/

者はCookieを利用するにあたり適用のある自主規制ガイドラインにも留意する必要があります。

⑸　民事訴訟との関係

　セクトラル方式による連邦レベルでの法律，新しく採択されている州レベルでの包括的なプライバシー法，そして全般的な消費者保護法への遵守義務に加え，事業者によるCookieの利用に大きな影響を与える米国法の動向として，私的訴訟権のある法律に基づく民事訴訟が挙げられます。例えば，近年，盗聴法など通信関連の既存法律に基づくCookie利用に関する民事訴訟が活発化しているため，Cookieを利用する際にはこれらの訴訟の動向にも注意を払う必要があります。

⑹　小　括

　上記のように，米国ではCookieの利用自体を直接的に規制する法律はありません。しかし，Cookie情報は個人情報に該当することが多く，事業者は適用法令を確認することが大切です。米国ではセクトラル方式の枠組みで各種法律が存在し，Cookie利用に関連する法律ごとに個人情報の定義や遵守義務が異なります。したがって，米国に拠点のない日本の事業者も，米国住民を対象に事業を展開し，米国住民の個人情報を取り扱う場合や，米国内における害悪の発生や米国住民のプライバシーの侵害が予見される場合は，事業者に適用されうるCookie関連のプライバシー法令を確認した上，該当法令を遵守する必要があります。また，業界の自主規制も確認しておくことが望ましいといえます。

　2　Cookieの利用に関連する米国法令

　上記1のとおり，Cookieの利用には様々な法令が関係しますが，本項では日本の事業者に適用される可能性の高い法令の例をいくつか取り上げ，詳しく紹介します。

⑴ FTC法（連邦法）とMini-FTC法（州法） ～消費者のプライバシー保護～

　米国では消費者保護の観点からCookie情報を含めた個人情報の取扱いを規制しています。米国における消費者保護法の軸となるのが連邦法であるFTC法です。FTC法は連邦行政機関である連邦取引委員会[5]（以下「FTC」といいます）に対し消費者保護に関する規制権限を与え、「商取引における、または商取引に影響を与える不公正または欺瞞的な行為または慣行」[6]を規制する法律です。FTC法は米国を拠点にする事業者に限らず、米国における害悪をもたらす外国事業者にも適用されます[7]。例えば、米国の消費者向けに商品やサービスを販売・提供する事業者が米国の消費者のプライバシーを侵害した場合は米国に拠点を持たない日本企業であっても執行の対象になる可能性があります。

　FTC法は、消費者保護の観点から商取引全般を取り締まる法令であり、Cookie、またはプライバシー保護に関する直接的な義務や制限を課す法律ではありません。その代わり、FTC法は消費者に対して不公正、または欺瞞となるような事業者によるCookieの利用を規制しています。

　まず、「不公正」な行為・慣行とは、想定されるリスクを消費者自身が合理的に回避できない状況にもかかわらず、消費者に対し「実質的な損害」をもたらす行為・慣行に事業者が相殺利益なくして従事することをいいます[8]。FTCは、以前は、基本的には金銭的または物理的な損害がある場合に、「実質的な損害」があるものと判断をしていました[9]。この考え方に従うと、消費者のプライバシーが侵害された場合であっても、それが金銭的または物理的な損害に

5　米国においては日本における個人情報保護委員会に相当するような連邦レベルでの行政機関は存在しませんが、FTCが不公正または欺瞞的な行為・慣行の規制を通じて、米国における個人情報の保護に大きな役割を果たしています。
6　15 U.S.C. § 45(a)(1)
7　15 U.S.C. § 45(a)(4)(A)
8　15 U.S.C. § 45(n)
9　https://www.ftc.gov/news-events/news/speeches/ftcs-use-unfairness-authority-its-rise-fall-resurrection

つながらない限り，「実質的な損害」には該当しないということになります。これに対し，近年，FTCは，多数の消費者に悪影響を与える行為に事業者が関与している場合は，金銭的または物理的な損害が直接的に証明できない場合でも「プライバシーの侵害」そのものが「実質的な損害」に該当すると捉えるようになりました[10]。例えば，医療機関が消費者の医療情報を保護するための適切なセキュリティ対策を講じていなかったために医療情報の漏えいが発生した際[11]，被害が金銭的損失や物理的な傷害に直結しない場合でも，この医療機関の行為・慣行が不公正であるとしてFTCは執行に踏み切りました。したがって，事業者によるCookieの利用が多くのウェブサイト利用者に対し悪影響を及ぼす場合，そうしたCookieの利用が「不公正」な行為であると評価され，FTCによる執行措置の対象となる可能性があります。

　また，「欺瞞的」な行為・慣行とは，「合理的な消費者」（※）に対し誤解を生む可能性のある行為・慣行を指します[12]。Cookie利用の文脈では，事業者が誤ったCookie情報の収集・利用方法をプライバシーポリシーなどに記載した場合，つまり，開示内容と実際のCookieの利用慣行との間に齟齬がある場合，欺瞞の意図の有無にかかわらず，FTC法上の欺瞞的行為と評価される場合があります。例として，事業者がプライバシーポリシーで第三者への情報開示をしていないと記載していたにもかかわらず，実際にはサードパーティCookieを利用し，第三者へ情報を開示することでターゲティング広告を利用していたという場合が挙げられます。事業者が公表しているプライバシーポリシーの内容と事業者による実際のCookie情報の収集方法や利用状況の間に齟齬がある場合は，FTCによる執行の対象となり，制裁金を科されるおそれがあります。執行の対象となった事業者は一定の和解金を支払い，情報管理の改善を約束するなどの内容でFTCと和解することが一般的です。③(2)でこうした執行・和解例を紹介します。

10　https://www.ftc.gov/news-events/news/press-releases/2016/07/commission-finds-labmd-liable-unfair-data-security-practices

11　https://www.ftc.gov/news-events/news/press-releases/2016/07/commission-finds-labmd-liable-unfair-data-security-practices

12　https://www.ftc.gov/about-ftc/mission/enforcement-authority

（※）「合理的な消費者」とは，米国法制度で頻繁に利用される概念であり，「典型的な普通で一般的な」架空の人物を意味します。したがって，事業者の行為が欺瞞的であるかどうかを分析する場合，「典型的な普通で一般的な」架空の「合理的な消費者」が事業者の表現をどのように理解するかを評価することになります。事業者がCookie情報の取得・利用方法についてポリシーを開示する場合，「典型的な普通で一般的な」架空のウェブサイト利用者がポリシーの表現をどのように理解するかを念頭において，通知内容をわかりやすく説明することが大切です。

なお，連邦FTC法に加えて，全米50州において「Mini-FTC法」と呼ばれるFTC法に類似した州レベルでの消費者保護法が制定されています。Mini-FTC法は執行体制や規制内容に異なる部分がありますが，概ねFTC法と同様の規制となっています。ただし，カリフォルニア州など特定の州では，事業者に対しFTC法よりも厳しい，または州独特の義務を課す法令を制定しているため，米国向け事業に従事する事業者は適用のあるMini-FTC法の確認が必要です。

(2) COPPA（連邦法）～13歳未満の児童のプライバシー保護～

COPPAは対象事業者が13歳未満の児童からオンライン上で収集する個人情報の取扱いを規制する連邦レベルの法令です。対象事業者とは，業種にかかわらずウェブサイトやアプリを含めた「児童向け」のオンラインサービスの運営者を指します。さらに「児童向け」でないオンラインサービスの提供者でも，13歳未満の児童から個人情報を収集していることを現に認識している場合はCOPPAの対象となります[13]。また，オンラインサービスが「児童向け」であるかどうかは，視覚的なコンテンツ，使用されている言語，およびアニメ・キャラクターの使用などオンラインサービスの各種要素を総体的に踏まえて判断します。対象事業者は13歳未満の児童から個人情報を収集する前に，(1)適切なオンライン通知を開示し，(2)児童の保護者に直接通知し，(3)COPPA規制の要件を満たす認証可能な保護者の同意を得ることが必要です[14]。上記のFTC法

13　16 C.F.R. § 312.3
14　16 C.F.R. § 312.3

と同様に，COPPAは米国に拠点を持つかどうかにかかわらず，米国の「児童向け」にオンラインサービスを提供する外国事業者にも適用されます。

Cookie IDなどPersistent Identifiers（永続的識別子）[15]はCOPPA上の個人情報に該当します。したがって，対象事業者は13歳未満の児童からCookie情報を収集する前に保護者の同意を得る必要があります。

一方，米国のウェブサイトではユーザーがウェブサイトを開いた時点で自動的にCookieを発行するのが一般的です。そうすると，13歳未満の児童がウェブサイトを開く前に保護者の同意が必要となってしまいそうです。この点については，COPPAでは保護者の同意取得義務に対して「Support for the Internal Operations」[16]という例外を設けることで手当てがなされています。この例外により，通信や認証手続などウェブサイト運営のために不可欠な情報処理目的に限り，13歳未満の児童がユーザーの場合でも事前に保護者の同意を得ることなくPersistent Identifiers（永続的識別子）を収集・利用することが可能です[17]。したがって，Cookieを利用する対象事業者はCOPPAに準拠した保護者の同意を得るまでは，収集する情報をPersistent Identifiers（永続的識別子）に限定し，利用目的をウェブサイト運営のために不可欠な情報処理目的の範囲に限定しなければなりません。さらに，データ分析業者など第三者が提供するサービス（※）を利用し，当該第三者のCookieやピクセルタグを利用する場合も，対象事業者のCOPPA遵守義務は存続するため，自社のCookie利用のみでなく第三者のCookieやピクセルタグの利用状況も正確に把握し，利用制限をしておく必要があります。

（※）第三者が提供するデータ分析などのサービスはCOPPA遵守に対応していな

15　セッション内のみで利用する機能などユーザーのトラッキングをしないセッションCookieは個人情報に該当しないという解釈が可能です。ただし，COPPA は「Session Cookie」という用語を定義していないこと，また，セッションCookieを利用してユーザーのトラッキングをする業者も見られることからCOPPA上，Cookieが個人情報に該当するかどうかはCookieの名称にかかわらず，実質的な事実関係に基づいて判断する必要があります。
16　16 C.F.R. §312.2, 312. 5(c)(7)
17　See 2013 Statement of Basis and Purpose, 78 Fed. Reg. 3972, 3981

いケースもあるため，児童向けのサイトで第三者のサービスを利用する際には注意が必要です。第三者のサービス利用規約は，利用企業に対して「必要に応じてあらかじめ保護者の同意を得てからサービスを利用すること」を義務づけている場合も少なくありません。そこで，COPPAの適用を受ける事業者はCOPPAの要件を満たす認証可能な保護者の同意を得る必要性やタイミングなど，COPPA遵守対応策をきちんと整理し，第三者サービスにどのようなCookie情報が送信され，どのように利用されるかという点を含め，第三者サービスの利用環境を把握し，必要に応じて第三者サービスによる情報の利用を契約等で制限しておく必要があります。

⑶ 包括的プライバシー法（州法）

　2018年にカリフォルニア州で全米初の包括的プライバシー法であるCCPAが採択されて以来，バージニア州，コロラド州，コネチカット州，そしてユタ州がそれぞれ独自の州レベルの包括的プライバシー法を採択しました。これに続き数多くの州が同様の法案を制定[18]，または審議中であり，今後も州レベルでのプライバシー法の動向からは目が離せません[19]。日本企業にどの州法が適用されるかは，それぞれ州法上で定められた適用基準に基づいて判断されます。例えば，カリフォルニア州に拠点を持たない事業者であっても前年の年間収益が2,500万ドルを超える営利企業がカリフォルニア州消費者を対象に事業を展開し，カリフォルニア州消費者の個人情報に関する利用目的と利用手段を定めて個人情報を収集している場合はCCPAが適用される可能性が高くなります[20]。同様に，カリフォルニア州消費者10万件以上の個人情報を販売している場合や年間収益の5割以上を個人情報の「販売」・「共有」から得ている場合もCCPAが適用される可能性が高くなります[21]。

18　2024年にテキサス州，オレゴン州，モンタナ州の包括的プライバシー法が施行され，この他アイオワ州，インディアナ州，テネシー州，デラウェア州，ニュージャージー州と本書執筆時点では合計13州で同様の包括的なプライバシー法が採択されています。この他，適用範囲が限られているフロリダ州Digital Bill of Rightsや知事の署名を待つのみのニューハンプシャー州プライバシー法にも注意が必要です。
19　また，米国連邦レベルでの包括的個人情報保護法の制定を求める声も多く，法案の審議が続いているため，今後の進展に注目する必要があります。
20　Cal. Civ. Code § 1798.140(d)(1)
21　Cal. Civ. Code § 1798.140(d)(1)

現時点までに制定された各州の包括的プライバシー法は，いずれも，「個人情報」を，識別された，または識別可能な個人に関連づけられた，または合理的に関連づけることが可能な情報といった文言で幅広く定義しています。したがって，各州の包括的なプライバシー法の下でCookieは個人情報の一環として規制対象となります。各州の包括的プライバシー法は概ね類似する点があるものの州独自の規制や違いもあり，事業者は適用のある州法を把握して遵守プランを作成する必要があります。

　Cookie情報は個人情報の一環であることから該当法の規制全般への遵守対応が求められます。本項ではCookieの利用に際して特に注意が必要な遵守義務として，CCPA上のプライバシーポリシー作成・開示義務，情報の「販売」や「共有」に関するオプトアウト権を含めた規制遵守をCookieの観点から説明します。

ア　プライバシーポリシーと事前通知義務（Notice at Collection）

　CCPAは，事業者に対し，CCPAおよびその下位規則に基づく適切なプライバシーポリシーを作成・開示することを義務づけています。例えば，事業者はウェブサイト利用者の個人情報を収集する場合，CCPA準拠のプライバシーポリシーをウェブサイト上に掲載する必要があります。したがって，CCPAの適用を受ける事業者は，個人情報であるCookieの利用についても，利用目的や情報の開示先などの情報をプライバシーポリシーに正確かつ明瞭に記載してウェブサイト上で公表することが求められます。

　加えて，CCPAは個人情報の収集時に「Notice at Collection」と呼ばれる事前通知を行うことを義務づけています[22]。「Notice at Collection」の要件を満たすためには，事業者が消費者の個人情報を収集する時点，または収集する前にCCPA規則に則り，一定の通知内容（収集情報の種類，利用目的，情報の「販

---

22 「Notice at Collection」はCCPA特有の義務であり，バージニア州法，コロラド州法，コネチカット州法，ユタ州法などの現行の包括的プライバシー法はプライバシーポリシーの作成・開示のみを義務づけています。

売」・「共有」の有無など）を消費者に対して明示しなければなりません。このため，CCPA上で明示的に義務づけられているわけではありませんがいわゆる「Cookieバナー」を導入し，Cookieを利用する時点で消費者に対し明瞭な通知を提供するウェブサイト運営者が増えました。

イ　個人情報の「販売」・「共有」

　CCPAは個人情報を「販売」したり，クロス・コンテクスト行動広告（ウェブサイトやアプリの垣根を越えて収集された個人情報に基づくターゲティング広告）のために個人情報を「共有」したりする事業者に，こうした個人情報の処理を開示し，消費者によるオプトアウト権行使に対応するよう義務づけています。そこで，消費者がオプトアウト権を行使した場合には，事業者はその消費者の個人情報のすべてに関して「販売」・「共有」を停止しなければなりません。さらに，消費者が16歳未満であることを事業者が現に認識している場合には，消費者自身（13歳以上の場合）または保護者（13歳未満の場合）の事前同意を得ること，つまりオプトイン同意が必要となります。

　CCPA上では「販売」は広義に定義されており，個人情報の「販売」には事業者が「金銭的対価」を得て第三者に個人情報を開示することのみではなく，金銭的な対価がない場合でも「有価物対価」がある場合の第三者への個人情報開示が含まれます[23]。そして，個人情報を，クロス・コンテクスト行動広告を目的として第三者へ開示することは，対価の有無にかかわらず，個人情報の「共有」とみなされます。したがって，Cookieの利用がクロス・コンテクスト行動広告を目的とした第三者への情報開示を伴う場合には，プライバシーポリシー，および「Notice at Collection」上で，「販売」・「共有」の処理の状況を明瞭に開示する必要があります。さらに「Do Not Sell or Share My Personal

---

23　Cal. Civ. Code § 1798.140（ad）。現行法では，コロラド州およびコネチカット州の包括的プライバシー法も，CCPAのように「販売」を広義に定義しています（Colo. Rev. Stat. § 6-1-1303（23）（a），Conn. Gen. Stat. §42-515（37））。一方，バージニア州とユタ州は「販売」を金銭的な対価のある場合に限定しています（Utah Code § 13-61-101（31）（a），Va. Code § 59.1-575）。

Information」リンクをウェブサイトのフッターなどに設定し，「販売」・「共有」処理からのオプトアウト権への対応策を導入する必要があります。

> （※）「対価」とは，一般的に2人以上の当事者間の価値交換を意味します。「金銭的対価」とは通常，金銭の交換を意味し，「有価物対価」とは金銭以外の利益を含むあらゆる経済価値の交換を含みます。例えば，サービスの提供や優遇措置は有価物対価に該当します。

ウ　CCPAの執行事例

　カリフォルニア州の消費者を対象に含むECサイトを運営する事業者が，ウェブサイト運営に必要な自社の機能性Cookieに加えて，データ分析業者や広告配信業者，ソーシャル・メディアなどのサードパーティCookieを利用するケースが多く見られます。その際，ECサイトを運営する事業者が第三者から「金銭的対価」を受け取ることは少ないようです。しかし，サービス・プロバイダーとしての条件を満たすデータ処理契約を締結するなどの遵守対応が完備されていない場合は，限られた例外に相当する場合を除き，こうしたサードパーティCookieの利用が「有価物対価」のある個人情報の開示，つまりCCPA上の「販売」に当たるとみなされます。

　2020年1月にCCPAが施行されてから初めて違反企業名が公表された執行事例で，CCPA上の「販売」の広義な定義とCookieの利用問題が浮き彫りになりました。2022年8月，カリフォルニア州司法長官は，フランスに親会社を有し，化粧品や香水などをECサイトで米国向けに販売する事業者に対して，ECサイト利用者（消費者）の個人情報を「販売」していたにもかかわらず，「販売」に関する開示やオプトアウト権に対応するCCPA上の義務を果たさなかったと告発しました。当該事業者は，Cookieやピクセルタグなどの第三者のオンライン・トラッキング技術を利用してECサイト訪問者の個人情報を収集し，消費者に関するマーケティング分析や知見を得ていましたが，それが個人情報の「販売」に該当するものと判断されました。当該事業者はこうした第三者から

「金銭的対価」を受け取っていたわけではありませんが，州司法長官は，同社がECサイトを利用した消費者のCookie情報を第三者へ開示することの見返りに，分析や広告配信といったサービスを無料または割引価格で受けるという「有価物対価」を得ていたとして，同社の当該第三者へのCookie情報の開示が「販売」であると評価しました。したがって，企業がサードパーティCookieを利用しCookie情報を第三者に開示する場合はこれが個人情報の「販売」に当たることを消費者へ開示し，オプトアウト権へ対応するか，またはそうした開示が「販売」に当たらないことを裏づける合理的な根拠を明確にしておく必要があります。

　例えば，CCPA上では，データ分析業者などのサードパーティCookieを利用する場合，第三者を事業者の「サービス・プロバイダー」と位置づけることで，事業者から第三者へのCookie情報の開示がCCPA上の「販売」に該当しないようにすることが可能です。ただし，第三者を「サービス・プロバイダー」と位置づけるためには，第三者による個人情報の処理を事業者の事業目的のために行われる処理に限定し，第三者と事業者の間でCCPA規則の要件を満たす適切な契約を締結することが必要です。したがって，サードパーティCookieを利用しつつも，「販売」規制の適用を受けないことを意図している場合は，その第三者が「サービス・プロバイダー」に許される範囲に限定して個人情報を処理するものであることを確認した上，CCPA規則に則った適切な契約を締結する必要があります。例えばデータ分析業者などの第三者が適切な契約に基づく「サービス・プロバイダー」である場合は，その第三者への開示が「販売」とはみなされません。そこで，「サービス・プロバイダー」へのCookie情報の開示に関しては「オプトアウト」権への対応は必要ありません。

　一方，開示するCookie情報を，クロス・コンテクスト行動広告を目的として第三者へ開示する場合は，金銭的対価や有価物対価の有無にかかわらず，個人情報の開示が「共有」とみなされます。「販売」と異なり，「共有」には「サービス・プロバイダー」の例外が適用されません[24]。したがって，クロス・コンテクスト行動広告を目的として第三者へCookie情報を開示する場合は，すべて

CCPA上の「共有」とみなされます。そこで，該当するポリシー上での開示義務やオプトアウト権への対応が必要です。

【コラム⑦】オンラインサービスの利用と「サービス・プロバイダー」

　Cookie関連情報を含め外部事業者へ消費者の個人情報を開示する場合は，その外部事業者が「サービス・プロバイダー」であるのか，または「第三者」であるのかをきちんと整理し，適切な契約を交わすことで消費者の個人情報を保護する必要があります。殊に，データ分析業者や広告配信業者，ならびにソーシャル・メディア・プラットフォームなどのオンラインサービス・ベンダーが提供するサービスを利用する際は，従来のような契約書に署名・押印をしないケースが多く見られます。ただし，署名・押印をしない場合でも契約が存在しないわけではありません。オンラインサービス・ベンダーのサービスを利用することで，または利用アカウントを作成する際に「同意」ボタンを押下することで，オンライン利用規約を内容とする契約が締結されることが多々あります。大企業であってもこうしたオンラインサービス・ベンダーの個人情報管理に関しては個別の契約を交渉することなくオンライン上の利用規約をそのまま使用することも珍しくありません。

　個別の契約を交渉する場合も，オンライン利用規約をそのまま使用する場合も，その内容をきちんと理解しておく必要があります。利用規約には，オンラインサービス・ベンダーがCookie情報をサービス提供に必要な範囲を超えて自社の営利目的で利用する旨が記載されていることがあります。たとえ，オンラインサービス・ベンダーが個人情報を第三者へ開示または販売することがない場合でも，オンラインサービス・ベンダーが自社の営利目的で個人情報を利用する場合は，事業者が個人情報をそのオンラインサービス・ベンダーへ「販売」していると評価される可能性が高くなります。したがって，オンラインサービス・ベ

24　サービス・プロバイダーは，「事業目的」（business purpose）のために事業者に代わって個人情報を処理する者を指します（Cal. Civ. Code § 1798.140（ag））。これに対し，クロス・コンテクスト行動広告の提供は，この「事業目的」（Cal. Civ. Code § 1798.140(e)6）に含まれないため，サービス・プロバイダーとして認められず，例外措置も適用されないという論理です。

ンダーが第三者へ個人情報を販売，もしくは再開示するかどうかだけではなく，サービスの提供に必要な範囲を超えて，自社の営利目的に個人情報を利用するかどうかを確認することが重要です。

　また，オンラインサービス・ベンダーによっては「販売」の回避を求める事業者向けにデータ利用制限設定ツールを提供し，「販売」につながるオンラインサービス・ベンダー側での個人情報の利用を事業者があらかじめ制限できる選択肢を提供する場合もあります。その場合，デフォルト設定で利用制限が加わっていることは少ないため，「販売」を回避したい事業者は設定ツールを利用してあらかじめ利用制限をかける必要があります。一方，「販売」とみなされるようなCookieの利用を意図している場合，もしくは「販売」の制限ができない場合，またオンラインサービス・ベンダーとCookie情報を「共有」する場合は，消費者のオプトアウト権に対応する準備が必要です。

3 　実務で必要なCookie利用に関する義務と対応策

　本項では，本節②で説明した米国の法的枠組みの下で，Cookieに関する法令を遵守する際に実務で直面しがちな問題点と対応策を紹介します。

(1)　不公正な行為：ダークパターン

　近年，FTCは消費者に特定の選択を促したり強制したりするような，事業者の作為的な操作手段を「ダークパターン」と称し，ダークパターンは不公正な行為・慣行であるという見解を示しています[25]。同様に，CCPA規則上でも消費者との交信においてダークパターンの利用が規制されています[26]。ダークパターンを利用してCookieやピクセルに関する消費者の同意を得た場合は，

25　https://www.ftc.gov/system/files/ftc_gov/pdf/P214800%20Dark%20Patterns%20Report%209.14.2022%20-%20FINAL.pdf
26　Cal. Code Regs. tit. 11, § 7004(a)(b)

CCPA規則を満たす同意として認められない結果を招くため，消費者の同意を得る際はダークパターンを避ける必要があります。同様に，Cookieを介した情報の「販売」や「共有」からのオプトアウト権など消費者のCCPA上の権利行使方法を提供する際にも，ダークパターンを用いることは禁止されます。

　例えば，前述のとおり，CCPAの適用を受ける事業者は個人情報の「販売」・「共有」から消費者がオプトアウトできるように対応しなければなりません。そこで事業者がウェブサイトに「Do Not Sell or Share My Personal Information」というリンクを張り，消費者はそのリンクからオプトアウト権を行使できるようにした場合を想定します。この場合，消費者が「Do Not Sell or Share My Personal Information」というリンクを選択した際，すぐにオプトアウトの権利行使ができるようにする必要があります。これに反し，リンク先を複数ページにわたるプライバシーポリシーの冒頭とし，オプトアウトの権利行使の説明をプライバシーポリシーの中に「隠す」ことで消費者による権利行使をしづらくすることは「ダークパターン」に該当します。

　また，消費者に対しCookie利用に関する選択肢を与える際には均衡のとれた，明瞭でわかりやすい表示，説明が求められます。選択肢の説明が不十分な場合，「ダークパターン」に該当する場合があります。例えば，消費者がCookieバナーを利用して事業者のCookie利用を制限する場合，Cookieを「すべて受け入れる」という選択肢と「その他のオプション」のような選択肢のみを含むCookieバナーのデザインは「ダークパターン」と評価される可能性が高くなります。これは消費者が「すべて受け入れる」を選択した場合，事業者は，ターゲティング広告用のCookieを含む，利用可能なすべてのCookieを利用できるのに対し，消費者がウェブサイトの運営上必須でないCookieをすべて拒否したい場合は，「その他のオプション」を選択し，どのCookieを拒否するかを個別に選択する必要があり，選択肢の均衡に欠けるためです。「すべて受け入れる」というプライバシー保護度の低い選択と比較して，プライバシー保護度の高い「すべて拒否する」という選択には複雑な手順を踏む必要があるようなデザインは，CCPAに違反する可能性があります。CCPAの適用されない事業

者であっても，FTC法上不公正とみなされる「ダークパターン」を避けるため，選択肢には均衡を保つことが望まれます。つまり，「すべて受け入れる」という選択肢がある場合は「すべて拒否する」という選択肢も必要です。

　また，「すべて拒否する」という選択肢があっても，「すべて受け入れる」という選択肢のみを目立つように表示することは避けるべきです。例えば，「すべて受け入れる」という選択肢は，「すべて拒否する」というボタンよりも大きく明るい字体を使用し，「すべて拒否する」という選択肢はグレー表示で実行可能な選択肢であることがわかりづらいようなデザインは「ダークパターン」につながります。消費者に選択肢を与える場合，複雑な技術用語や専門用語の利用を避け，消費者がプライバシーに関する選択肢を容易に理解できるように簡潔で明瞭な文体でプライバシーの選択肢を説明し「ダークパターン」に陥らないために，常に消費者に対し公平な選択肢を提供するよう心がけることが望まれます。

　もう１つの典型的な「ダークパターン」に，わかりづらい選択トグルの表示が挙げられます。近年，Cookieバナーやプレファレンス設定ツールではトグル・ボタンによる選択肢の表示が見られます。問題となるのは下の図のようにトグル・ボタンの位置が消費者の選択のどちらを反映するのかわかりづらい場合です。

【ダークパターンに該当し得るトグル・ボタンの例】

Do Not Sell or Share
My Personal Information

　このトグル・ボタンのデザインだと，消費者が「Do Not Sell or Share My Personal Information」トグルを右に動かした場合に，事業者の「販売」・「共有」からオプトアウトする選択となるのか，それとも「販売」・「共有」に同意する選択となるのかが不明瞭であるため，「ダークパターン」と評価される可

能性があります[27]。選択肢にトグルを利用する場合はトグルの位置が反映する選択肢を明確にわかりやすく説明する必要があります。例えば、「情報の販売・共有からオプトアウトしたい方はトグルを右に動かしてください」といった補足説明を考慮することが望まれます。

(2) 欺瞞的行為：ポリシーと実態のギャップ

本節①で説明したとおり、現在、米国では単独のCookieポリシーを作成し、公表することを義務化する法令は存在しません。しかし、州レベルの包括的プライバシー法の適用を受ける事業者はCookieの利用に関する記載を含むプライバシーポリシーを作成し開示する必要があります[28]。また、法令上はCookieの利用に関する開示義務を負わない事業者も、業界のベストプラクティスとしてCookieの利用をプライバシーポリシーに記載する、またはCookieポリシーを作成・開示するケースが多くなりました。

事業者がCookieの利用に関してポリシーを作成し、公表する場合、ポリシーの内容が正確であり誤解を招くような文面になっていないことを確認することが大切です。Cookieに関する説明が、事業者のCookieの利用の実態と合致していない場合、FTC法上の欺瞞的行為とみなされる可能性があります。例えば、Cookie利用に関する欺瞞的行為に対するFTCによる取り締まり事例として、2012年に、プラットフォーマーによるプライバシーポリシーと実態のギャップが摘発された事件があります。当時、当該企業は提供するブラウザの利用者に対し、トラッキングのためのCookieやターゲティング広告用のCookieを利用していないと説明していたにもかかわらず、実際にはデフォルトでこれらのCookieを導入していたという相違についての摘発でした。FTCは、当該企業の開示内容と運用実態の間にギャップがあったため、FTC法上の欺瞞的行為

---

27 Cal. Code Regs. tit. 11, § 7004(a)(3), (b)
28 包括的なプライバシー法以外にも、カリフォルニア州、デラウェア州、ネバダ州など事業者に対しプライバシーポリシーをウェブサイトに開示することを義務づける州があります。例えば、California Online Privacy Protection Act（CalOPPA）は、消費者がブラウザ設定画面から「Do Not Track」信号を発信した際、商業目的のウェブサイト運営者がこの信号に対応しているかどうかをウェブサイト上で開示することを義務づけています。

に当たるとして執行措置をとったものです。本執行により当該企業は民事罰として2,250万ドルを支払うこととなりました。また，別の事件では，オンライン広告事業者が，Cookieの設定変更によりオンライン・トラッキングからオプトアウトが可能であるとポリシーで説明していたにもかかわらず，実際には消費者が設定を変更した後もスーパーCookieを用いてトラッキングを続けていたとして，FTC法上の欺瞞的行為に該当するとしてFTCに摘発されました。スーパーCookieは，利用者がブラウザのCookie設定などを利用して拒否することができないにもかかわらず，事業者は利用者がブラウザの設定によりCookieを拒否できるという誤った説明をする場合がありますが，そのような誤った説明はFTC法上の「不公正な行為」と「欺瞞的行為」の両方に該当するリスクがあります。

　さらに，実務上ありがちな問題に開示文書用のひな形の利用があります。Cookieの利用状況を開示する際に，インターネットで入手できるプライバシーポリシーのひな形をダウンロードしてそのまま利用したり，業界内で有名な企業のポリシーを複写して自社のポリシーとして公表したりすると，事業者の実際のCookieの利用状況と開示内容が合致しない内容となり欺瞞的行為につながるリスクが生じます。

　例えば，NAIやDAAなどの業界自主規制団体に参加する企業がCookieポリシーやプライバシーポリシーでNAIやDAAの自主規制に遵守していることを開示し，消費者がNAIまたはDAAのツールを使用してCookieの利用からオプトアウトする方法を説明するケースが多く見られます。こうした企業のポリシーをひな形として利用し，NAIやDAAの自主規制を遵守していない事業者が，NAIやDAAの自主規制を遵守している旨をポリシーで開示した場合，その実態とポリシー内容のギャップがFTC法の欺瞞的行為に該当する可能性があります[29]。同様に，13歳未満の児童の個人情報の取扱いについてCOPPAで認められるSafe Harborプログラムの認証を受けている，またはアジア太平洋

29　https://www.ftc.gov/legal-library/browse/cases-proceedings/2023090-goodrx-holdings-inc

経済協力会議（APEC：Asia Pacific Economic Cooperation）のAPEC越境プライバシールール（CBPR：Cross Border Privacy Rules）システムに参加しているといった内容を，事実に反する形で公表すると，FTC法の欺瞞的行為として執行の対象となるため，ポリシーのひな形やサンプルの利用には注意が必要です。

　欺瞞的な行為を避け，消費者の信頼を得るためにも，事業者は，(1)Cookieの利用状況を正確に把握すること，(2)事業者のCookie利用状況を簡潔かつ明瞭に開示すること，(3)Cookieの利用に関し，消費者が制限・選択意思を表示した際に，消費者の意思を正確に反映させることが重要です。Cookieの利用はウェブサイトの更新時に変更することもあり，Cookieの利用状況を一度確認しただけでその後放置してしまうようでは，継続的に法令を遵守することはできません。Cookie利用に関する社内規程やガイドブックを作成することで，常時，Cookieの利用状況を把握し，必要に応じた対応を講じることが可能となります。

⑶　オプトアウト・プレファレンス・シグナルへの対応

　CCPAを含む新しい州レベルでの包括的プライバシー法は，事業者に対し，オプトアウト・プレファレンス・シグナル，またはユニバーサル・オプトアウト・メカニズム（以下，あわせて「オプトアウト・プレファレンス・シグナル」といいます）に対応することを義務づけています。オプトアウト・プレファレンス・シグナルとは，消費者が事業者全般に対し個人情報の「販売」や「共有」からのオプトアウトを一括して選択できるように講じられたオンライン信号を指します。事業者はオプトアウト・プレファレンス・シグナルを感知した時点で，消費者の個人情報の「販売」・「共有」を停止する必要があります。

　現在，カリフォルニア州とコロラド州は，民間団体がその仕様を定めて公表しているグローバル・プライバシー・コントロール（以下「GPC」といいます）という名称のシグナルを，オプトアウト・プレファレンス・シグナルに該当するものとみなしています[30]。GPCツールを利用することで，消費者は個人情報の「販売」・「共有」に関する自身の意向を一括して通知することができま

す。

（※）消費者の「見えない」ところで自動的に導入されているCookieの利用には懸
　　念が多く，米国でも欧州型のオプトイン同意を求める声が聞かれます。消費者
　　は多数のウェブサイトを利用するため，ウェブサイトごとに「販売」や「共有」
　　からのオプトアウトを強いるのはプライバシー保護に欠けると主張するプライ
　　バシー保護団体もある背景でGPCが生まれました。GPCツールを利用すること
　　で消費者が個人情報の「販売」・「共有」を一括して回避できることへの期待が
　　高まっています。今後，GPC以外にもオプトアウト・プレファレンス・シグナ
　　ルが開発されることが見込まれます。業界の動向を見守る必要があります[31]。

　また，CCPAもしくはコロラド州プライバシー法の適用を受ける事業者はオ
プトアウト・プレファレンス・シグナルへの対応状況をプライバシーポリシー
に記載して公表する必要があります[32]。事業者がGPCやその他のオプトアウ
ト・プレファレンス・シグナルへの対応をプライバシーポリシーで説明する際，
欺瞞的な記述を避けることが大切です。例えば，GPCシグナルへの対応をして
いないにもかかわらず，ポリシーへの記載義務を果たすべく「オプトアウト・
プレファレンス・シグナルに対応している」と虚偽の記載をすることは避ける
ことが賢明です。また，GPCシグナルへ対応しているつもりが，ツールの設定
を間違えることで正しく対応できていなかった例なども見られますので，事業
者のウェブサイトがきちんとGPCシグナルに対応しているかどうかの確認作業
が重要です。

30　この他，コネチカット州，モンタナ州，ニュージャージー州，オレゴン州，テキサス州もオプト
　　アウト・プレファレンス・シグナルへの対応を義務づけています。明文で規定されてはいませんが，
　　GPCが上記の各州におけるオプトアウト・プレファレンス・シグナルであるとみなされる可能性
　　が高いと思われます。
31　オプトアウト権に限らず消費者が包括的プライバシー法による権利を複数事業者に対して一括行
　　使できるようにするサービスが見られます。例えば，消費者保護団体によるアプリをダウンロード
　　することで消費者は個人情報の「販売」・「共有」からのオプトアウト権を行使することができます。
　　こうしたアプリやサービスを介したリクエストを受けた事業者はこれを代理人による権利行使とし
　　て対応する必要があります。
32　Cal. Code Regs. tit.11, § 7011(e)(3)(F), 4Code Colo. Regs. 904-3, Rule6.03(A)(4)(e)

⑷　Cookie利用の開示

　現行の州レベルでの包括的プライバシー法はCookie情報を個人情報とし，その利用に関する情報をプライバシーポリシーで公表することを義務づけています。これに加え，上記のとおり，CCPAの適用を受ける事業者は，個人情報を収集する時点，または事前に「Notice at Collection」と呼ばれる通知を明瞭に提供する必要があります。このため，ウェブサイトで個人情報を収集する事業者はプライバシーポリシーの中に上記の開示事項を含めたセクションを組み込み，「カリフォルニア・プライバシー」などの表題をつけたうえで，個人情報を収集するウェブページのすべてにこの「カリフォルニア・プライバシー」セクションへ直接遷移するリンクを張ることで，「Notice at Collection」通知要件へ対応することが可能です[33]。

　当該「Notice at Collection」通知に含める事項は，概要で下記のとおりです[34]。

　・収集する個人情報のカテゴリー
　・個人情報の収集・利用目的
　・個人情報を第三者へ「販売」・「共有」しているか否か
　・個人情報の保持期間
　・個人情報を第三者へ「販売」・「共有」している場合のオプトアウト・リンク
　・プライバシーポリシーへのリンク

　また，Cookieポリシーやプライバシーポリシー上でCookieの利用に関する説明を加える場合，下記のような記載が見られます。ただし，前述のとおり，サンプルをそのまま利用することなく，事業者の実際のCookieの利用状況に基づいて情報を開示することが大切です。

33　Cal. Code Regs. tit.11, § 7012(c)
34　Cal. Code Regs. tit.11, § 7012(e)

【Cookie利用に関する説明例】

Tracking Technologies

A "Cookie" is a small text file placed onto a web browser or device that remembers or obtains information about a user's use of websites. A "web beacon" or "pixel" is a small image in a website that tracks users' activities. With Cookies, web beacons, and other tracking technologies, we automatically collect the following information from a user's device: (i) network-related information such as an IP address or browser type, (ii) device information such as a device identifier, and (iii) browsing information such as the webpages a user visits.

We use these tracking technologies for purposes described below.

Essential Cookies: These Cookies are necessary for system administration, to prevent fraudulent activity, to improve security or to enable essential features of our website.

Functionality Cookies: These Cookies enable us and our partners to provide additional functions of the website like a chat function. If a user disables these Cookies, we may not be able to provide all functions of our website to the user.

Analytics and Performance Cookies: These Cookies are used to assess the performance of our website, so we can improve the user experience and content of our website.

Targeting Cookies: These Cookies are used by us and third-party advertising networks and content providers to deliver content such as ads and promotions relevant to a user's interests on our website and third-party websites.

Social Media Cookies: These Cookies are used by social media services we use on our website to enable a user to share our content with the user's friends and families. These Cookies can track a user's activities via browser across websites and build a profile of the user's interests.

We disclose all categories of information we collect through tracking technologies to our service providers, business partners, data analytics providers, and advertising partners.

＊　＊　＊

Opt-Out Choices[35]

We process opt-out preference signals from Global Privacy Control (GPC). GPC is a browser-level technical specification that a user can use to inform websites that the user wishes to opt out of sales and sharing of personal information for cross-context behavioral advertising. When we detect GPC signals from a user's browser, we treat the signals as the user's request to opt out of sales and sharing of personal information. associated with the user's browser. When we decect GPC signals from a user whom we associate with a specific account, we treat the signals as a valid request to opt-out of sales and sharing applicable to taht account. To learn more about how to set up GPC, visit https://globalprivacycontrol.org/. A user may also opt-out of sales and sharing by submitting an opt-out request by accessing [URL].

＊＊＊＊＊＊＊＊＊＊

Do Not Track[36]

We do not take actions to respond to "Do Not Track" signals because a uniform technological standard has not yet been developed. However, we respond to GPC signals and process them as a user's request to opt out of sales and sharing of personal information as described above.

35　CCPA規則に則り，GPCシグナルなどオプトアウト・プレファレンス・シグナルに対応する事業者は一定の要件を満たす限り「Do Not Sell or Share My Personal Information」リンクを張る必要がありません。ただし，これはカリフォルニア州法上の整理にすぎません。そこで，GPCシグナルに対応している場合でも，その他の州法を遵守するために，「Do Not Sell or Share My Personal Information」に相当する明瞭なオプトアウト・リンクをフッターなどに設置する対応が賢明であると思われます。

36　California Online Privacy Protection Act (CalOPPA) 上，商業目的のウェブサイト運営者は，消費者がブラウザ設定画面から「Do Not Track」信号を発信した際，この信号に対応しているかどうかをウェブサイト上で開示する必要があります。この際，CCPAの適用を受ける事業者はGPCシグナルに言及することがあります。

⑸ 民事訴訟の動向

　米国法を遵守することに加え，米国向けのウェブサイトでCookieを利用する事業者は民事訴訟の動向も踏まえて対策を講じることが望まれます。下記でCookie利用に関連する近年の民事訴訟動向を説明します。

ア　盗聴法とCookie

　近年，ウェブサイト上にチャットボットを設置して顧客からの質問に即座に回答できるようにしたり，ウェブサイト機能の改善のためサイトの利用状況をモニターするセッション・リプレイ機能を導入したりする事業者が少なくありません。ウェブサイト上で第三者が提供するこれらのツール・機能を活用する際には，第三者のCookieやピクセルタグなどの技術により，ウェブサイトに訪問したユーザーの情報が収集されることがあります。米国では，こうした情報収集が盗聴法に違反するとした民事裁判が増えています。

　連邦および州レベルの盗聴法は，第三者が「コミュニケーション」を当事者の同意なしに傍受することを禁止する法律です。よく見られる原告の訴えは，ウェブサイトを運営する事業者が，Cookieやピクセルタグをウェブサイトに搭載することで当該事業者とユーザーとの間の「コミュニケーション」をツール・機能を提供する第三者に「傍受」させているため，事業者が第三者の盗聴を幇助・教唆しているという主張です。

　多くの場合，盗聴法違反の成否を分けるのは「コミュニケーション」の際の当事者同意の有無です。州によっては当事者である参加者1人の同意があれば「コミュニケーション」を傍受することが認められます。つまり，ユーザーの同意がなくとも，当事者の1人であるウェブサイト運営者が同意することで不正な傍受ではないと反論することが可能です。一方，カリフォルニア州のCalifornia Invasion of Privacy Act（以下「CIPA」といいます）など数州の盗聴法では当事者全員の事前同意が求められます。その結果，ユーザーがウェブサイト運営者と「コミュニケーション」をとる場合に，チャットボットやセッ

ション・リプレイ機能を提供する第三者が，ユーザーの同意なくCookieやピクセルタグを利用して当該「コミュニケーション」を傍受していることについて，ユーザーがCIPA違反を申し立てるケースが生じています。

　本書執筆時点ではウェブサイト運営者とユーザーの間の通信は盗聴法で保護される「コミュニケーション」に該当しない，またはツール・機能を提供する第三者をウェブサイト運営者の内部者，もしくは一環としてみなすべきで，外部第三者による盗聴には該当しないとして原告の訴えをしりぞけた事例が多いですが，一部の裁判所では原告の主張を受け入れるケースも少なくありません。したがって，ウェブサイトを運営する事業者は(1)利用しようとしているツール・機能が，盗聴法に基づく民事訴訟が提起されるリスクが高いものであるかを確認し，(2)利用規約やプライバシーポリシーなどで第三者のツール・機能の内容を明瞭に開示し，(3)必要に応じてユーザーの事前同意を得ることを検討することが大切です。なお，CIPAなど一部の盗聴法では「コミュニケーション」開始前の事前同意が必要なため，盗聴法の訴訟を避けるためにはCookieやピクセルタグを稼働する前に利用者の同意を得る必要があります。そのため，米国でも欧州型のポップアップやCookieバナーを利用した「オプトイン」同意を得る企業も見られるようになりました。一方，欧州型の事前同意を得ることが難しい場合でも，上記のようなリスク軽減策をとることで，民事訴訟で狙い撃ちにされないように配慮する事業者が増えています。

イ　Video Privacy Protection ActとCookie

　ウェブサイト上での動画コンテンツの人気は非常に高く，動画コンテンツを提供するウェブサイトの数は急上昇しています。これに対し，ウェブサイトを運営する事業者が，第三者のCookieやピクセルタグを介してユーザーの動画視聴履歴をユーザーの同意なしに第三者へ開示したことがVideo Privacy Protection Act（以下「VPPA」といいます）に違反するものとして民事訴訟が提起されるケースが多発しています。

　VPPAは，「ビデオ・テープ・サービス提供者」が「加入者」のビデオテー

プのレンタル履歴を第三者へ開示することを規制する法律です。1988年に制定されたVPPAは当時，主にビデオテープのレンタル業者がビデオのレンタル履歴を開示する場面で適用されてきましたが，近年，VPPAが適用される場面が広がっています。現在，適用対象となるビデオ（動画）は，ビデオテープに録画されたものに限られず，ウェブサイトなどオンラインで提供されるデジタル動画も含まれると解されています。さらに，「ビデオ・テープ・サービス提供者」の定義も広く捉えられるようになってきています。そこで，以前はデジタル動画の制作会社や，動画コンテンツの配信業者，または動画プラットフォームのような事業者が訴訟のターゲットでしたが，近年では動画コンテンツが掲載されるウェブサイトを運営する事業者さえも訴訟の対象となっています。したがって，ビデオ制作などに関わらないユーザー向けのウェブサイトを運営する事業者も，訴訟への注意が必要です。

　例えば，ECサイト上の動画コンテンツのあるページにソーシャル・メディアやデータ分析業者のCookieやピクセルタグなどのトラッキングの仕組みを導入することは頻繁に見られます。その場合，ソーシャル・メディアやデータ分析業者がCookie情報からユーザーが利用したECサイトのURLやサイト利用状況を収集することがあります。ユーザーが動画コンテンツの含まれるECサイト上のページを閲覧した際，第三者であるソーシャル・メディアやデータ分析業者がCookie情報をもとに，ユーザーを識別することができ，その上，識別されたユーザーに関する動画の閲覧情報が判明することがあります。このため，訴訟では，こうしたECサイトによる情報開示がVPPAで規制される「同意なきビデオ閲覧履歴の開示」に相当するという主張が行われています。URL上に「www.website.com/video-title.html」のように動画ビデオのタイトルが含まれている場合は，VPPA訴訟リスクが高くなります。今後，VPPA訴訟がどのように解決されるか，また裁判所がVPPAの適用範囲をどこまで拡張するかなど，展望は不明な状況です。

　プライバシーに関する訴訟では実損を証明することが難しいため，米国では実損を証明することなく法定損害額に基づいて賠償を訴求できる法律に基づく

民事訴訟が多く見られます。VPPAに基づく民事訴訟では原告は被告による「同意なきビデオ閲覧履歴の開示」から被った実損を証明する必要がなく，裁判により原告の主張が認められた場合は，最小で1人当たり2,500ドルの損害賠償を訴求できます。そこで，ビジター数の多いウェブサイト運営者が団体訴訟で敗訴した場合，膨大な損害賠償金の支払を命じられる可能性があります。

　膨大な損害賠償責任を回避するため，事業者は，ユーザーへの適切な情報開示と事前同意取得の手段を講じています。しかし，1988年にビデオテープのレンタル業者を対象に制定されたVPPA上の同意を昨今のオンライン上で取得するには実務上のチャレンジも多いため，動画コンテンツが掲載されたページからサードパーティCookieやピクセルタグを削除してリスクを軽減する対策も選択肢の1つとなります。まずは，サードパーティCookieやピクセルタグの利用状況，開示される情報内容をしっかりと把握し，リスクを評価した上で，Cookieやピクセルタグの削除や同意取得などの対応策を講じることが望まれます。

4 まとめ

　現在，米国にはCookie利用に焦点を当てた独自の法律はありませんが，Cookie IDやCookieを利用して収集するデータは，一般的に個人情報に該当します。したがって，事業者はCookieの利用時に，CCPAやCOPPAなど該当する法律を遵守する必要があります。近年，米国で活発に採択される州レベルでの包括的プライバシー法では個人情報について，収集する情報のカテゴリー，利用目的，情報開示先などを明瞭にプライバシーポリシーに記載することが求められます。また，Cookieを利用した情報処理が「販売」・「共有」に当たる場合は，オプトアウト権の行使に対応する義務があります。まずは，事業者に適用される法令を把握し，その内容を理解すること，そして適用法令を遵守するための対応策を講じることが必要です。

　また，各種セクター法令や州法の適用があるかどうかにかかわらず，米国で

の商取引に従事する事業者は，米国の消費者に対し，Cookieの利用がFTC法上の「不公正または欺瞞的な行為または慣行」とみなされないよう注意することが大切です。例えば，実質的にオプトアウト権への対応ができない状況にあるにもかかわらず，オプトアウト権に対応しているような開示は避けるべきです。

　最後に，米国ではカリフォルニア州司法長官によるCCPAの執行など，Cookie利用に関する監督機関による執行が活発に行われています。その上，私的訴訟権を利用したCookieの利用に関する民事訴訟も増加しています。Cookieを利用した情報収集には懸念の声も多いため，個人情報の利用に関する世論の動向にも目を向けることが望まれます。Cookieを利用する際には，収集情報の内容，利用目的，開示先などを確認した上で，利用の可否を決定し，利用する場合には，オプトアウト権への対応や事前同意の取得などの各種の対応策を講じることとなります。利用可否や対応策の決定にあたっては，事業運営上の必要性，「合理的な消費者」のプライバシーに関する期待度や温度感，代替対応策の有無，訴訟リスクなどの諸事情を総合的に考慮し，バランスのとれた判断を行うことが求められます。Cookieを利用すると判断した場合は，わかりやすく明瞭で齟齬のないポリシーを開示することが重要です。

索　引

〔編著者紹介〕

白石　和泰（しらいし・かずやす）

1996年　早稲田大学政治経済学部政治学科卒業

2003年　司法修習終了（第56期），弁護士登録（第二東京弁護士会），TMI総合法律事務所勤務

2013年　ワシントン大学ロースクール卒業（LL.M., Intellectual Property Law and Policy コース），Dorsey&Whitney LLP勤務（シアトル），Bracewell&Giuliani LLP勤務（シアトル）

2014年　TMI総合法律事務所復帰，外務省経済局政策課専門員（2015年3月末まで）

2016年　パートナー就任

2023年　慶應義塾大学大学院 政策・メディア研究科 特任教授就任

〔専門分野〕IT・情報・通信関連法，消費者関連法，経済安全保障関連法務（輸出入管理規制対応，サプライチェーンクリアランス対応，ビジネスと人権対応，等），パブリックセクター等との渉外法務，一般企業法務，紛争（訴訟），リスクマネジメント，相続法務，M&A，労働法務等

〔論文・著書〕「経済安全保障分野におけるセキュリティ・クリアランス制度の見通し―有識者会議最終とりまとめを受けて」NBLNo.1621（共著，2024年）『個人情報管理ハンドブック〔第5版〕』（共著，商事法務，2023年），『わかる経済安全保障』（共著，金融財政事情研究会，2023年），『プライバシーポリシー作成のポイント』（共著，中央経済社，2022年），『令和2年改正　個人情報保護法の実務対応―Q&Aと事例―』（共著，新日本法規出版，2021年），『IT・インターネットの法律相談〔改訂版〕』（共著，青林書院，2020年），「Japan chapter of LEXOLOGY Getting The Deal Through」Cybersecurity2020（共著，2020年），『AI・ロボットの法律実務Q&A』（共著，勁草書房，2019年），『起業の法務―新規ビジネス設計のケースメソッド』（共著，商事法務，2019年），『個人情報管理ハンドブック〔第4版〕』（共著，商事法務，2018年），「座談会　自動運転社会の法制度設計」ビジネス法務17巻11号・12号（共著，2017年），『セミナー形式 改正個人情報保護法のポイントと対応』（共著，新日本法規出版，2017年），「匿名加工情報とは？　作成時の基準・義務・事例をまとめて解説」The Finance（共著，2017年），「特集　人工知能の未来と企業法務」会社法務A2Z119号（共著，2017年），『完全対応　新個人情報保護法―Q&Aと書式例―』（共著，新日本法規出版，2017年），『IT・インターネットの法律相談』（共著，青林書院，2016年），「遺伝子ビジネスと法規制」ビジネス法務15巻11号（共著，2015年），「『健康食品』の機能性表示」ビジネス法務15巻10号（共著，2015年），『Q&A　改正個人情報保護法―パーソナルデータ保護法制の最前線―』（共著，新日本法規出版，2015年），「法務部門の積極的な関与が求められるサイバーセキュリティ」ビジネス法務15巻8号（共著，2015年）など。

村上　諭志（むらかみ・さとし）

2004年　東京大学法学部第一類卒業
2006年　中央大学法科大学院修了
2007年　司法修習終了（第60期），弁護士登録（東京弁護士会）
2008年　TMI総合法律事務所勤務
2013年　ワシントン大学ロースクール卒業（LL.M., Intellectual Property Law and Policy コース），モルガン・ルイス&バッキアス法律事務所勤務（サンフランシスコ）
2014年　ニューヨーク州弁護士資格取得，TMI総合法律事務所復帰
2018年　CIPP/E（Certified Information Privacy Professional/Europe）登録
2019年　パートナー就任

〔専門分野〕一般企業法務，個人情報，IT・通信，商標，著作権，メディア，エンタテインメント，消費者関連法，不正競争，景品表示法，国際法務，ベンチャー支援
〔論文・著書〕『個人情報管理ハンドブック〔第5版〕』（共著，商事法務，2023年），『プライバシーポリシー作成のポイント』（共著，中央経済社，2022年），「匿名加工情報と学術研究の例外のユースケースを解説—医療ビッグデータの利活用—」ビジネス法務20巻8号（共著，2020年），『IT・インターネットの法律相談〔改訂版〕』（共著，青林書院，2020年），『起業の法務—新規ビジネス設計のケースメソッド』（共著，商事法務，2019年），『個人情報管理ハンドブック〔第4版〕』（共著，商事法務，2018年），「ビッグデータの利活用におけるパーソナルデータ取扱い上の法的留意点」知財管理68巻6号（共著，2018年），『セミナー形式 改正個人情報保護法のポイントと対応』（共著，新日本法規出版，2017年），「遺伝子ビジネスと法規制」ビジネス法務15巻11号（共著，2015年），「ビッグデータの利活用」ビジネス法務15巻5号（共著，2015年），「最近の連邦商標希釈化改正法に関する重要判決・審決」知財管理65巻3号（共著，2015年），『ソフトウェア取引の法律相談』（共著，青林書院，2013年）など。

鈴木　翔平（すずき・しょうへい）

2009年　早稲田大学法学部卒業
2011年　中央大学法科大学院修了
2012年　司法修習終了（第65期），弁護士登録（第二東京弁護士会）
2013年　TMI総合法律事務所勤務
2016年　大手広告配信会社勤務
2018年　テキサス大学ロースクール修了，Smith, Gambrell & Russell, LLP等で研修
2019年　カリフォルニア州弁護士資格取得，TMI総合法律事務所復帰
2024年　パートナー就任

〔専門分野〕データ・個人情報，IT・通信，M&A，一般企業法務
〔論文・著書〕『個人情報管理ハンドブック〔第5版〕』（共著，商事法務，2023年），『プライバシーポリシー作成のポイント』（共著，中央経済社，2022年），「パブリックDMPを活用し

たデジタルマーケティング」ビジネス法務20巻 8 号（共著，2020年），「行動ターゲティング広告と日米欧のプライバシー保護規制」ビジネス法務20巻 3 号・5 号（共著，2020年），『起業の法務—新規ビジネス設計のケースメソッド』（共著，商事法務，2019年）〔第 2 編第 7 章「ターゲティング広告」を執筆〕

溝端　俊介（みぞばた・しゅんすけ）
2016年　東京大学法学部卒業
2018年　東京大学法科大学院修了
2019年　司法修習終了（第72期），弁護士登録（第一東京弁護士会）
2020年　TMI総合法律事務所勤務
2023年　京都弁護士会登録，TMI総合法律事務所京都オフィス勤務

〔専門分野〕個人情報，IT・通信，消費者関連法，Fintech，金融規制，アセットファイナンス，学校法務
〔論文・著書〕「アプリ開発・運用を成功させるためのリーガルガイド」ビジネス法務23巻 9 号（共著，2023年），『個人情報管理ハンドブック〔第 5 版〕』（共著，商事法務，2023年），「『クッキー規制』導入で対応が急務　改正電気通信事業法」ビジネス法務22巻10号（共著，2022年），『プライバシーポリシー作成のポイント』（共著，中央経済社，2022年），『個人情報漏洩対策の法律と実務—漏洩時の対応から事前対策まで—』（共著，民事法研究会，2020年），「不法行為法におけるプライバシー—その権利性と受忍限度—」（東京大学法科大学院ローレビュー第14巻，2019年）

〔著者紹介〕
＜TMI総合法律事務所＞
野呂　悠登（のろ・ゆうと）　第 4 章第 1 担当
2011年　東北大学法学部卒業
2013年　東京大学法科大学院修了
2014年　司法修習終了（第67期），弁護士登録（第一東京弁護士会）
2015年　TMI総合法律事務所勤務，東京大学法科大学院未修者指導講師
2017年　個人情報保護委員会事務局参事官補佐
2021年　キングス・カレッジ・ロンドン留学（Intellectual Property & Information Law LLM）
2022年　ロンドンのシモンズ・アンド・シモンズ法律事務所勤務（Digital Business Team）
2023年　TMI総合法律事務所復帰，国立大学法人東北大学個人情報保護委員会委員

〔専門分野〕個人情報，IT・通信，知財訴訟・審判，消費者関連法
〔論文・著書〕『個人情報管理ハンドブック〔第 5 版〕』（共著，商事法務，2023年），『プライ

バシーポリシー作成のポイント』（共著，中央経済社，2022年），「GDPR（EU一般データ保護規則）対応の最終チェックポイント」ビジネス法務18巻7号（2018年），「AIによる個人情報の取扱いの留意点」BUSINESS LAW JOURNAL11巻6号（2018年），『セミナー形式 改正個人情報保護法のポイントと対応』（共著，新日本法規出版，2017年），『知的財産判例総覧2014Ⅰ・Ⅱ』（共著，青林書院，2016年）

岡辺 公志（おかべ・こうし） **第3章第2担当**
2013年　東京大学法学部卒業
2014年　東京大学法科大学院中退
2015年　司法修習終了（第68期），弁護士登録（東京弁護士会）
2016年　TMI総合法律事務所勤務
2019年　総務省総合通信基盤局電気通信事業部事業政策課出向
2020年　TMI総合法律事務所復帰

〔専門分野〕情報・通信・メディア・IT，個人情報，著作権，消費者関連，不正競争，エンタテインメント，スポーツ，商事関連争訟，知財争訟，景品表示法
〔論文・著書〕「改正電気通信事業法をふまえたCookieデータ等の利用者情報の利用と管理」ビジネス法務2023年7月号（共著，2023年），「Getting the Deal Through: Telecoms and Media」LEXOLOGY（共著，Law Business Research，2023年），『個人情報管理ハンドブック〔第5版〕』（共著，商事法務，2023年）など。

礒井 里衣（いそい・りえ） **第4章第1担当**
2015年　東京大学法学部第一類卒業
2017年　東京大学法科大学院修了
2018年　司法修習終了（第71期），弁護士登録（第二東京弁護士会）
2019年　TMI総合法律事務所勤務

〔専門分野〕一般企業法務，訴訟・紛争，国際取引・紛争，個人情報保護，ビジネスと人権
〔論文・著書〕『個人情報管理ハンドブック〔第5版〕』（共著，商事法務，2023年），『プライバシーポリシー作成のポイント』（共著，中央経済社，2022年），『実務逐条解説　令和元年会社法改正』（共著，商事法務，2021年）

柿山 佑人（かきやま・ゆうと） **第4章第1担当**
2017年　中央大学法学部法律学科卒業
2018年　司法修習終了（第71期），弁護士登録（第二東京弁護士会）
2019年　TMI総合法律事務所勤務

〔専門分野〕一般企業法務，IT・個人情報保護，商事関連訴訟，紛争（訴訟），破産・特別清算

〔論文・著書〕『プライバシーポリシー作成のポイント』（共著，中央経済社，2022年）『実務逐条解説　令和元年会社法改正』（共著，商事法務，2021年），『EU - Japan：GDPR v. APPI』（共著，OneTrust DataGuidance，2021年），『Data Protection Law and Authority Guidance, Records Retention: Japan』（共著，Practical Law Country Q&A，2020年），『Japan - Vendor Privacy Contracts』（共著，OneTrust DataGuidance，2020年）

林　知宏（はやし・ともひろ）　第3章第2担当

2015年　東京大学法学部第一類卒業
2017年　東京大学法科大学院修了
2018年　司法修習終了（第71期），弁護士登録（東京弁護士会）
2019年　TMI総合法律事務所勤務

〔専門分野〕個人情報，IT・通信，コーポレートガバナンス，ベンチャー支援，メディア，エンタテインメント，スポーツ

〔論文・著書〕『個人情報管理ハンドブック〔第5版〕』（共著，商事法務，2023年），『プライバシーポリシー作成のポイント』（共著，中央経済社，2022年），『EU - Japan：GDPR v. APPI』（共著，OneTrust DataGuidance，2021年），『Data Protection Law and Authority Guidance, Records Retention: Japan』（共著，Practical Law Country Q&A，2020年）

石田　晃大（いしだ・こうだい）　第3章第2担当

2018年　中央大学法学部政治学科卒業
2019年　慶應義塾大学法科大学院中退
2020年　司法修習終了（第73期），弁護士登録（第二東京弁護士会）
2021年　TMI総合法律事務所勤務

〔専門分野〕テレコム，IT・通信，個人情報，エンタテインメント，スポーツ，リスクマネジメント，経済安全保障関連法務，一般企業法務

〔論文・著書〕「Cookie規制の潮流と実務対策〜改正電気通信事業法による影響を踏まえて〜」会社法務A2Z 2023年9月号（共著，2023年），「経済安全保障・具体化された措置の運用開始〜自社に即した分析と対応を〜」会社法務A2Z 2023年1月号（共著，2022年），「『クッキー規制』導入で対応が急務　改正電気通信事業法」ビジネス法務22巻10号（共著，2022年），「改正電気通信事業法の概要と実務への影響（全三編）」Business Lawyers（共著，2022年），「経済安全保障推進法の概要と企業の留意点」会社法務A2Z 2022年7月号（共著，2022年）

榊原　颯子（さかきばら・そうこ）　**第4章第1担当**
2016年　九州大学法学部卒業
2018年　中央大学法科大学院修了
2020年　司法修習終了（第73期），弁護士登録（第二東京弁護士会）
2021年　TMI総合法律事務所勤務

〔**専門分野**〕IT・通信，個人情報，M&A，ベンチャー，ヘルスケア
〔**論文・著書**〕「登記情報等の公開情報の利活用における個人情報保護法上の留意点」月刊登記情報2022年8月号（共著，きんざい），『個人情報管理ハンドブック〔第5版〕』（共著，商事法務，2023年）

林　里奈（はやし・りな）　**第3章第1担当**
2017年　慶應義塾大学法学部法律学科卒業
2019年　東京大学法科大学院修了
2020年　司法修習終了（第73期），弁護士登録（東京弁護士会）
2021年　TMI総合法律事務所勤務

〔**専門分野**〕IT・通信，個人情報，消費者関連法，ヘルスケア
〔**論文・著書**〕「連載　ITサービスにおける『利用規約』作成のポイント」ビジネス法務22巻11号，23巻5号（共著，中央経済社，2022-2023年），『個人情報管理ハンドブック〔第5版〕』（共著，商事法務，2023年），『ヘルスケアビジネスの法律相談』（共著，青林書院，2022年）

小関　雄也（おぜき・ゆうや）　**第3章第2担当**
2018年　東京大学法学部卒業
2020年　東京大学法科大学院修了
2022年　司法修習終了（第74期），弁護士登録（東京弁護士会）
2022年　TMI総合法律事務所勤務

〔**専門分野**〕一般企業法務，訴訟・紛争，倒産・事業再生，労働法務

齊藤　駿介（さいとう・しゅんすけ）　**第3章第1担当**
2018年　東京大学法学部卒業
2020年　東京大学法科大学院修了
2022年　司法修習終了（第74期），弁護士登録（第一東京弁護士会）
2022年　TMI総合法律事務所勤務
2023年　文部科学省高等教育局私学部　法務専門官

〔専門分野〕個人情報，労務，訴訟・紛争，学校法務

＜株式会社メルカリ＞
中井　博（なかい・ひろし）　第1章担当
シニア・プライバシー・オフィサー

早稲田大学を卒業後，友人が起業した会社に参画。その後，株式会社リクルート，ヤフー株式会社を経て，2020年より株式会社メルカリに入社，現職。
政策企画部署にて，シニア・プライバシー・オフィサーとして，個人情報やプライバシーに関する問題，データ利活用，越境移転問題，経済安全保障といったテーマについて政策提言，ステークホルダーとの対話等に従事。JIAA外部送信規律対応検討タスクフォースメンバー，経団連デジタルエコノミー推進委員会・データ戦略WG委員，同・データ法制WG委員。

＜Option合同会社＞
柳井　隆道（やない・たかみち）　第2章担当
代表社員／デジタルマーケティングコンサルタント

東京大学在学中からエンジニア，データ分析，新規事業（新規サービス）開発を経験し，事業会社，広告代理店を経て2014年に独立。広告主，広告代理店の両方の立場で検索／ディスプレイ広告／解析と，デジタルマーケティングについて幅広く実務経験を積んできた。
マーケティングとテクノロジーの橋渡しを中心領域として，デジタルマーケティングにおけるデータの計測設計・実装・データ処理・分析など幅広い観点から事業会社，広告会社，コンサルティング会社などの支援に取り組んでいる。
ポリシーは「技術で解決できることを解決しない人間が手こずるのはもったいない。人間はもっと難しいことに力を割くべき」

＜Alston & Bird LLP（アルストン・バード法律事務所）＞
Maki DePalo（ディパロ・まき）　第4章第2担当
Partner（パートナー）

急速に進化するデジタル環境の中でグローバル企業におけるデータ管理プログラム構築，データ戦略策定，AIガバナンス，アドテックや自動意思決定の利用に基づく情報保護インパクト評価，訴訟リスク管理などデータ管理全般にわたるコンプライアンス，リスク管理業務への助言に豊富な経験を持つ。California Consumer Privacy Act（CCPA）など米国諸州の包括的プライバシー法に加えFederal Trade Commission Act（FTC Act），Children's Online Privacy Protection Act（COPPA）やHealth Insurance Portability and Accountability Act（HIPAA）など連邦法に基づくコンプライアンス業務に従事。さらに，日本企業が米国へ進

出する際の該当法アドバイス，子会社設立・運営サポート，移民VISA手配，知財管理，契約交渉，製品ラベル表示規制のアドバイス，オンライン・広告戦略やM&Aサポートを含め世界を舞台に活躍する日本企業を幅広く支援している。

Hyun Jai Oh（ハン・ジェイ・オー） 第4章第2担当
Associate（アソシエイト）

米国諸州の包括的プライバシー法，Children's Online Privacy Protection Act（COPPA），Federal Trade Commission Act（FTC Act），Gramm-Leach-Bliley Act（GLBA）などの様々なプライバシー，サイバーセキュリティおよび消費者保護の法令を踏まえ，プライバシーおよびデータ管理プログラムの構築を支援している。クッキー情報を含めアドテックの使用に伴う規制・訴訟リスクの管理に幅広く従事している。コンプライアンス戦略の策定，リスク評価の実施，プライバシー関連の各種文書作成経験を有し，グローバルに事業展開する日本企業へのアドバイスも行っている。

Cookieポリシー作成のポイント

2024年6月10日　第1版第1刷発行
2024年8月10日　第1版第2刷発行

編著者
白石和泰
村上諭志
鈴木翔平
溝端俊介

著　者
野呂悠登
岡辺公志
礒井里衣
柿山佑人
林知宏
石田晃大
榊原颯子
林里奈
小関雄也
齊藤駿介
中井博
柳井隆道
Maki DePalo
Hyun Jai Oh

発行者　山本　継

発行所　㈱中央経済社

発売元　㈱中央経済グループパブリッシング

〒101-0051　東京都千代田区神田神保町1-35
電話　03(3293)3371(編集代表)
　　　03(3293)3381(営業代表)
https://www.chuokeizai.co.jp

印刷／三英グラフィック・アーツ㈱
製本／㈲井上製本所

© 2024
Printed in Japan

＊頁の「欠落」や「順序違い」などがありましたらお取り替えいた
しますので発売元までご送付ください。(送料小社負担)
ISBN978-4-502-50121-0　C3032

JCOPY〈出版者著作権管理機構委託出版物〉本書を無断で複写複製(コピー)することは,
著作権法上の例外を除き,禁じられています。本書をコピーされる場合は事前に出版者著作権管
理機構(JCOPY)の許諾を受けてください。
　JCOPY〈https://www.jcopy.or.jp　eメール:info@jcopy.or.jp〉

売れています！

プライバシーポリシー 作成のポイント

TMI総合法律事務所
白石 和泰／村上 諭志／溝端 俊介 [編集代表]
A5判／340頁

　最新の個人情報保護法、各種ガイドライン等に対応したひな型を逐条解説。事業の特性に応じた記載ぶりを検討する1冊。

本書の内容

第1章 プライバシーポリシーとは

第2章 個人情報の取扱いに関する
　　　　法的分析

第3章 プライバシーポリシーの
　　　　ひな型と逐条解説

第4章 プライバシーポリシーと
　　　　外国のデータ保護法

第5章 プライバシーポリシーと
　　　　デジタル・プラットフォーマー
　　　　規制

中央経済社

おすすめします！

業務委託契約書 作成のポイント

＜第2版＞

TMI総合法律事務所　近藤 圭介［編著］　Ａ5判／252頁

　業務委託契約の基本となる製造委託に関する契約書と役務提供委託に関する契約書について解説。委託者と受託者における検討・交渉・修正等のプロセスをわかりやすく説明し、条項パターンを豊富に掲載。

本書の内容

第1章　業務委託契約の法的性質

第2章　業務委託契約における
　　　　法令の適用

第3章　製造委託基本契約の解説

第4章　役務提供型の業務委託契約の
　　　　解説

巻末資料1　製造委託基本契約書

巻末資料2　業務委託契約書

中央経済社

好評発売中

ライセンス契約書
作成のポイント

TMI総合法律事務所　小坂 準記 [編著]　Ａ５判／248頁

　ライセンス契約の基本（法的性質、適用法令など）を踏まえた上で、特許権、商標権、著作権、AIを活用したデータ提供に関する各契約条項を参照し、詳細に解説。

本書の内容

第１章　ライセンス契約を学ぶ前に
第２章　ライセンス契約の交渉
第３章　ライセンス契約の法的性質
第４章　ライセンス契約における
　　　　法令の適用
第５章　特許実施許諾契約書の解説
第６章　商標使用許諾契約書の解説
第７章　著作物利用許諾契約書の解説
第８章　データ提供利用許諾契約書の
　　　　解説

ほか巻末資料

中央経済社